ÉLÉMENTS

DU

CODE NAPOLÉON

EXPOSÉ

PAR DEMANDES ET PAR RÉPONSES

OUVRAGE DESTINÉ

A VULGARISER LA CONNAISSANCE DES LOIS FRANÇAISES,

Par J.-B.-C. PICOT,

Docteur en droit, Avocat à la Cour impériale de Paris.

—— — ——

L'introduction de cet ouvrage
dans les Écoles primaires est autorisée par décision
de Son Excellence Monsieur le Ministre
de l'instruction publique et des cultes,
en date du 5 août 1862

——o:o:o:o——

PARIS.

Auguste COUPÉ, Gérant,

51, BOULEVARD SAINT-MICHEL, 51.

——

1868

ÉLÉMENTS

DU

CODE NAPOLÉON.

ÉLÉMENTS

DU

CODE NAPOLÉON

EXPOSÉ

PAR DEMANDES ET PAR RÉPONSES

OUVRAGE DESTINÉ

A VULGARISER LA CONNAISSANCE DES LOIS FRANÇAISES,

PAR J.-B.-C. PICOT,

Docteur en droit, Avocat à la Cour impériale de Paris.

———

Prix : 1 Franc.

———

L'introduction de cet ouvrage
dans les Écoles primaires est autorisée par décision
de Son Excellence Monsieur le ministre
de l'instruction publique et des cultes,
en date du 5 août 1862.

———

PARIS.

AUGUSTE COUPÉ, GÉRANT,

51, BOULEVARD SAINT-MICHEL, 51.

a.

PRÉFACE.

———

« Personne n'est censé ignorer la loi. » Cette maxime est d'une haute importance, car elle constitue la base de l'ordre social.

Fortement pénétré de cette grande vérité, j'ai publié, en 1852, mon *Manuel pratique du Code Napoléon*, dans le but de vulgariser les principes de nos lois : cet ouvrage comble une lacune si vivement comprise, que partout il a été accueilli avec une faveur particulière, et que maintenant il se trouve déjà répandu, en France et en Algérie, à plus de 3oo,ooo exemplaires.

Un succès aussi extraordinaire, qui manifeste à quel point les Français brûlent du juste désir de vivre plus pleinement, plus intellectuellement de la vie civile, m'a inspiré la pensée d'exposer les principes du Code Napoléon sous la forme de demandes et de réponses.

Cette forme que le clergé conserve avec une raison profonde dans l'enseignement des principes religieux, est bien propre à mettre les principes qui régissent la société civile à la portée de toutes les intelligences, et à les graver nettement et fortement dans l'esprit du lecteur.

En exposant, dans ce livre, les diverses matières du droit civil, j'ai fidèlement observé l'ordre du Code Napoléon dans la division des livres, des titres et des sections. Le lecteur, initié par cet ouvrage aux principes de nos lois, pourra ainsi facilement entendre la parole grave du législateur et en comprendre le sens quelquefois abstrait.

Depuis longtemps j'étais animé du plus vif désir de voir entrer dans l'éducation de la jeunesse l'enseignement de quelques éléments de nos lois. Ce désir a reçu de tous le plus favorable accueil. Son Excellence Monsieur Rouland, ministre de l'instruction publique et des cultes, dont chacun connaît la sollicitude paternelle pour les instituteurs et les élèves, a daigné consacrer ce désir en autorisant l'introduction des *Éléments du Code Napoléon* dans les écoles primaires.

Cette haute faveur que je constate avec bonheur et reconnaissance, me fait espérer que ce livre élémentaire deviendra, pour les frères des écoles, pour les instituteurs et institutrices, un moyen d'imprimer à l'éducation de la jeunesse une direction vraiment utile dans toutes les professions et dans toutes les phases de l'existence, d'élever leurs fonctions à une espèce de sacerdoce, de répandre dans les tendres intelligences des adultes les semences précieuses de la vie civile qui, en s'alliant, à l'aide des mêmes formes, aux semences divines de la vie religieuse, produiront pour la société de bons fruits, et par là de faire respecter et aimer d'une manière encore plus ferme et plus constante : DIEU, la PATRIE et la FAMILLE.

J.-B.-C. PICOT.

ÉLÉMENTS

DU

CODE NAPOLÉON.

—∘◦✤◦∘—

PRÉLIMINAIRES.

Quelles sont les choses que tout homme doit nécessairement connaître?

Les choses que tout homme doit nécessairement connaître sont les lois de Dieu, qui concernent sa vie religieuse, et les lois de la patrie, qui concernent sa vie civile.

Qu'entend-on par lois?

On entend par lois des règles générales de conduite, tracées par une autorité à laquelle on est tenu d'obéir.

Les lois françaises contiennent-elles des dispositions contraires aux lois de Dieu?

Non, les lois françaises ne contiennent aucune disposition contraire aux lois de Dieu. En effet, les grands principes de la religion chrétienne, qui a purifié et élevé l'humanité, ont pénétré très-profondément dans les mœurs de la nation française dont ils constituent l'essence et la vie. Les lois françaises, expression véritable des mœurs, sont, par suite, la conséquence des lois religieuses qui se trouvent ainsi, en général, sanctionnées par la société civile.

Qu'entend-on par sanction ?

On entend par sanction une disposition prononçant une peine contre celui qui viole la loi, ou une récompense en faveur de celui qui l'observe.

Qu'est-ce que le droit ?

Le droit est l'ensemble des règles générales appelées lois. Le mot droit est employé aussi pour désigner une faculté qui appartient à une personne et qui est reconnue et garantie par l'État.

Quels sont les préceptes généraux du droit ?

Les préceptes généraux du droit sont : 1° vivre honnêtement; 2° ne nuire à personne; 3° attribuer à chacun ce qui lui appartient.

Comment appelle-t-on les divers recueils des lois françaises?

On appelle les divers recueils des lois françaises des Codes.

Quels sont les principaux Codes?

Les principaux Codes sont : le Code Napoléon, le Code de procédure civile, le Code de commerce, le Code d'instruction criminelle et le Code pénal.

Qu'est-ce que le Code Napoléon?

Le Code Napoléon est un recueil de lois civiles divisé en trois livres, dont le premier traite des personnes et des rapports de famille ; le second, des choses, de la propriété et de ses démembrements; le troisième, des diverses manières d'acquérir la propriété.

Pourquoi donne-t-on au recueil du droit civil le nom de Code Napoléon?

On donne au recueil du droit civil le nom de Napoléon par reconnaissance publique pour Napoléon Ier, qui a présidé à la rédaction de ce recueil et dont le grand génie, aussi brillant dans la paix que dans la guerre, a résolu les plus graves questions du droit civil, consacré les conquêtes utiles de la révolution et uni, par son esprit supérieur, le présent au passé.

A quelle époque les lois deviennent-elles obligatoires?

Les lois deviennent obligatoires dans le département de la Seine un jour après leur publication par le pouvoir exécutif. On y ajoute pour les autres départements un délai qui varie à raison de la distance entre Paris et le chef-lieu de chaque département.

Les lois obligent-elles les Français seuls et dans tous les pays?

Les lois relatives à l'état et à la capacité des personnes régissent les Français seuls et partout où ils résident. Tandis que les lois de police et de sûreté régissent tous ceux qui habitent le territoire français, sans distinguer s'ils sont Français ou étrangers. Quant aux lois qui concernent les immeubles, elles sont applicables à tous les immeubles situés en France, peu importe qu'ils soient possédés par des Français ou par des étrangers.

LIVRE PREMIER.

DES PERSONNES.

TITRE Ier. — DE LA JOUISSANCE ET DE LA PRIVATION DES DROITS CIVILS.

Qu'entend-on par personne?

On entend par personne l'individu considéré au point de vue de son état civil.

Tout Français est-il une personne ?

Oui, tout Français est une personne, parce que tout Français jouit des droits civils.

Que signifient ces mots : « Tout Français jouit des droits civils ? »

Les mots : « Tout Français jouit des droits civils, » signifient que tous les Français, même les plus petits enfants, ont dans la société civile, de même que dans la société religieuse, des droits égaux ; que les biens, le corps et l'honneur de chacun d'eux sont pareillement placés sous la protection de la loi punissant quiconque porte à un autre une injuste atteinte.

Les droits civils dont l'enfant a la jouissance sont-ils exercés par lui-même ?

Non ; les droits civils de l'enfant sont, à cause de l'inexpérience de son âge, exercés par une personne chargée par la loi de le protéger et de veiller à ses intérêts : cette personne est le père, la mère ou le tuteur.

Comment s'acquiert la qualité de Français ?

La qualité de Français s'acquiert ordinairement par la naissance. Ainsi, tout enfant né d'un père français est Français.

La qualité de Français ne peut-elle pas s'acquérir postérieurement à la naissance ?

Oui, la qualité de Français peut s'acquérir postérieurement à la naissance. Ainsi l'enfant né d'un père qui a perdu la qualité de Français peut toujours, à partir de sa majorité, devenir Français ; l'enfant né en France de parents étrangers peut aussi devenir Français dans l'année qui suit sa majorité, et même après l'année s'il sert ou a servi dans l'armée française, ou s'il a satisfait à la loi du recrutement. Quant aux autres étrangers, ils ne peuvent devenir Français qu'après avoir habité en France pendant trois ans.

La femme étrangère qui épouse un Français a-t-elle besoin de dix ans d'habitation en France pour devenir Française?

Non, la femme étrangère qui épouse un Français devient Française à l'instant même de la célébration du mariage : la raison exige, en effet, que la femme placée sous la puissance maritale n'ait pas une patrie autre que celle de son mari et de ses enfants.

Comment se perd la qualité de Français?

La qualité de Français se perd : 1° si le Français quitte sa patrie sans esprit de retour; 2° s'il se fait naturaliser à l'étranger; 3° s'il accepte en pays étranger du service militaire ou des fonctions publiques sans l'autorisation du gouvernement français. La femme cesse aussi d'être Française dès qu'elle épouse un étranger.

Existe-t-il des condamnations qui font perdre au coupable la qualité de Français, c'est-à-dire qui produisent la mort civile?

Avant 1854, la mort civile frappait celui qui était condamné à mort, aux travaux forcés à perpétuité ou à la déportation; mais, depuis cette époque, la mort civile est abolie.

N'y a-t-il pas des condamnations qui privent le coupable de l'exercice de ses droits civils?

Oui. Celui qui est condamné à un emprisonnement excédant cinq ans, est privé de l'exercice de ses droits civils pendant la durée de sa peine; ses biens sont administrés par un tuteur.

TITRE II. — Des actes de l'état civil.

Qu'entend-on par actes de l'état civil?

On entend par actes de l'état civil des écrits authentiques qui constatent les principaux faits relatifs à l'état des personnes. Ces faits sont les naissances, les mariages et les décès. On comprend aussi dans les actes de l'état civil, comme se rattachant aux naissances, les reconnaissances d'enfants naturels, les légitimations et les adoptions.

Par qui sont rédigés les actes de l'état civil?

Les actes de l'état civil sont rédigés par le maire, officier de l'état civil, sur des registres appelés *registres de l'état civil.*

Quelles conditions sont requises pour que le maire procède à la rédaction d'un acte de l'état civil?

Pour que le maire procède à la rédaction d'un acte de l'état civil, il faut qu'une personne ayant qualité se présente devant lui accompagnée de témoins, et lui déclare la naissance, le mariage ou le décès. L'acte, qui est rédigé de suite sur un registre tenu double, est, après lecture faite, signé par le déclarant, par les témoins et par le maire.

Qui peut servir de témoin dans un acte de l'état civil?

Tout individu, parent ou non parent du déclarant, français ou étranger, peut servir de témoin dans un acte de l'état civil, pourvu qu'il soit du sexe masculin et âgé de plus de vingt et un ans.

Chacun peut-il obtenir l'extrait de l'acte de naissance, de mariage ou de décès d'une personne quelconque?

Oui; chacun peut, moyennant le payement d'une faible somme, obtenir des extraits; car les registres de l'état civil sont destinés à la publicité.

L'extrait d'un acte de l'état civil jouit-il d'une grande présomption de vérité?

Oui, l'extrait d'un acte de l'état civil jouit d'une grande présomption de vérité; c'est un acte authentique, et, comme tel, il est réputé vrai jusqu'à inscription de faux. Mais il ne peut être produit dans un autre arrondissement que si la signature du maire qui a délivré l'extrait a été légalisée par le président du tribunal civil ou par le juge de paix.

I. Naissance. — *Par qui la naissance de l'enfant doit-elle être déclarée?*

La naissance de l'enfant, vivant ou mort, doit être déclarée par le père lui-même, ou, à défaut, par une personne ayant assisté à l'accouchement. Le déclarant fait connaître au maire les père et mère légitimes ou la mère naturelle, le sexe de l'enfant et les prénoms qui lui sont donnés.

Dans quel délai doit être faite la déclaration de naissance?

La déclaration de naissance doit être faite, sous peine d'amende et même d'emprisonnement, dans les trois jours de la naissance de l'enfant.

Que doit faire celui qui trouve un enfant nouveau-né?

Celui qui trouve un enfant nouveau-né doit le remettre au maire, ainsi que les vêtements et autres effets trouvés avec lui, et déclarer les circonstances du temps et du lieu où il l'a trouvé.

II. Mariage. — *Le mariage n'est-il pas précédé de publications?*

Oui; le mariage est précédé de publications faites deux dimanches de suite à la mairie du domicile des deux futurs époux et des personnes sous la puissance desquelles ils se trouvent; un extrait de ces publications est affiché à la porte de chaque mairie.

Peut-on procéder à la célébration du mariage dès que la seconde publication est faite?

Non; il n'est pas permis de procéder à la célébration du mariage avant le troisième jour qui suit la seconde publication.

Pendant quel délai les publications de mariage sont-elles valables?

Les publications de mariage sont valables pendant l'année qui suit le troisième jour de la seconde publication ; après l'expiration de ce délai, elles sont nulles.

Pourquoi, depuis l'année 1850, mentionne-t-on dans l'acte de célébration du mariage si les époux ont rédigé un contrat de mariage?

On mentionne dans l'acte de célébration si les époux ont rédigé un contrat de mariage et devant quel notaire, pour donner à quiconque veut contracter avec des personnes mariées, le moyen de connaître leur capacité de s'obliger et les garanties que chacune d'elles peut offrir de l'exécution de ses engagements.

III. Décès. — *L'acte de décès fait-il connaître le genre de mort?*

Non, l'acte de décès ne fait pas connaître le genre de mort, à moins qu'il ne s'agisse de la mort glorieuse d'un militaire tué sur le champ de bataille.

Quel délai doit s'écouler entre le décès d'une personne et son inhumation?

Il doit s'écouler entre le décès d'une personne et son inhumation, au moins vingt-quatre heures. Ce délai est prescrit pour prévenir le danger des inhumations précipitées. Avant l'inhumation, le décès doit d'ailleurs être régulièrement constaté.

Que doit faire celui qui trouve un homme mort?

Celui qui trouve un homme mort doit en avertir l'autorité du lieu. S'il s'agit d'un pendu, il doit d'abord lui porter secours et couper la corde.

S'il existe un soupçon de mort violente causée par un crime, n'y a-t-il pas une formalité à remplir avant l'inhumation?

Oui ; avant l'inhumation d'une personne à l'égard de laquelle il y a soupçon de mort violente, il faut qu'un officier de police, assisté d'un docteur en médecine, dresse un procès-verbal de l'état du cadavre et des circonstances relatives au genre de mort.

Le maire peut-il réparer de lui-même les erreurs qui existent dans les actes de l'état civil?

Non, le maire n'a pas le droit de réparer les erreurs qui existent dans les actes de l'état civil. Pour que la rectification de l'erreur puisse avoir lieu, il faut qu'elle soit ordonnée, sur la demande des parties intéressées, par le tribunal de première instance.

TITRE III. — Du domicile.

Où se trouve le domicile d'une personne?

Le domicile d'une personne est au lieu où elle a son principal établissement.

Le domicile diffère-t-il de la résidence?

Oui; le domicile est le siége juridique des affaires, tandis que la résidence consiste simplement dans le fait de l'habitation d'une personne dans un lieu quelconque.

Est-il utile de connaître le domicile d'une personne?

Oui, il est souvent utile de connaître le domicile d'une personne. En effet, c'est devant le tribunal de son domicile que cette personne doit être poursuivie pour l'exécution de ses engagements; c'est dans la commune de son domicile que doivent être faites les publications de son mariage; c'est à son domicile que s'ouvre sa succession, et c'est devant le tribunal de ce domicile que sont portées les actions concernant le partage des biens qu'il a laissés.

Peut-on changer de domicile?

Oui, l'on peut changer de domicile : celui qui fixe ailleurs son principal établissement change par là de domicile.

La personne qui s'oblige peut-elle convenir qu'elle exécutera son engagement dans un lieu autre que celui de son domicile?

Oui, la personne qui s'oblige peut convenir qu'elle

exécutera son engagement dans un lieu autre que celui de son domicile. Une pareille convention, appelée *élection de domicile*, donne au créancier le droit de poursuivre le débiteur, à son gré, devant le tribunal du domicile réel, ou devant le tribunal du domicile élu.

Celui qui se trouve sous l'autorité d'une personne, n'a-t-il pas son domicile chez cette personne?

Oui, celui qui se trouve sous l'autorité d'une personne a son domicile chez cette personne. Ainsi, le domicile de l'enfant est chez son père; celui du pupille, chez son tuteur; celui de la femme mariée, chez son mari, et celui du domestique, chez son maître.

TITRE IV. — Des absents.

Qu'est-ce qu'on entend par le mot absent?

On entend par le mot absent, employé dans le sens de la loi, l'individu qui a disparu de son domicile et dont on n'a point de nouvelles.

Par qui sont administrés les biens de l'absent?

Les biens de l'absent sont administrés, pendant les cinq premières années, par une personne choisie par le tribunal; après ce délai, le tribunal envoie en possession des biens de l'absent ses plus proches parents.

TITRE V. — Du mariage.

Qu'est-ce que le mariage?

Le mariage a été ainsi défini par M. Portalis, l'un des rédacteurs du Code Napoléon : « C'est la société indissoluble de l'homme et de la femme, qui s'unissent pour perpétuer leur espèce, pour s'aider par des secours mutuels à porter le poids de la vie, et pour partager leur commune destinée. »

§ 1ᵉʳ. — Des conditions du mariage.

Quelles conditions sont nécessaires pour la validité du mariage?

Pour la validité du mariage, il faut : 1° que l'homme ait au moins dix-huit ans accomplis et la femme quinze ans accomplis; 2° que cet homme et cette femme consentent au mariage ; 3° que les père et mère ou ascendants, ou, à leur défaut, le conseil de famille du mineur, consentent aussi au mariage.

La promesse faite par deux personnes de se marier ensemble est-elle valable?

Non, la promesse d'épouser une personne est nulle, et cette nullité rend également nulle la convention portant que celui qui refusera de se marier payera à l'autre une certaine somme.

Comment les père et mère donnent-ils leur consentement au mariage de leur enfant?

Les père et mère donnent leur consentement au mariage de leur enfant, soit en assistant à l'acte de célébration du mariage, soit en manifestant leur volonté par un acte notarié. Si le fils n'a pas vingt-cinq ans ou la fille vingt et un ans, il faut que l'acte notarié contienne le nom de l'autre futur époux.

Qu'arrive-t-il s'il y a dissentiment entre le père et la mère?

S'il y a dissentiment entre le père et la mère, la volonté du père l'emporte sur celle de la mère. De là, si c'est le père qui consent, le mariage peut se faire; mais le défaut de consentement de la mère doit être préalablement constaté par un acte notarié appelé *acte respectueux.*

Le mariage d'un enfant peut-il quelquefois avoir lieu contrairement à la volonté de ses père et mère?

Oui, le mariage d'un enfant peut quelquefois avoir

lieu contrairement à la volonté de ses père et mère. En effet, le fils qui a plus de vingt-cinq ans, ou la fille qui a plus de vingt et un ans, peut se marier après avoir fait constater, par actes respectueux dressés par un notaire, le refus de ses père et mère de consentir à son mariage.

Celui qui est déjà marié peut-il se remarier ?

Non ; en se remariant avant la dissolution de son premier mariage, l'époux commettrait le crime de bigamie.

Peut-on épouser son ascendant, son descendant, son frère ou sa sœur ?

Non, un mariage entre parents en ligne directe ou entre frère et sœur constituerait le crime d'inceste. Toutefois, le gouvernement peut autoriser le mariage entre beau-frère et belle-sœur.

Peut-on épouser son oncle, sa tante, son neveu, sa nièce, son petit-neveu, sa petite-nièce ?

Non ; le mariage est prohibé, dans la ligne collatérale, entre personnes dont l'une n'est qu'à un degré de l'auteur commun. Le gouvernement peut cependant autoriser ce mariage pour causes graves.

Les cousins peuvent-ils se marier ensemble ?

Oui, le mariage entre un cousin et une cousine n'est pas défendu par la loi civile. Mais l'Église catholique le défend, en accordant cependant assez facilement une dispense.

Le mariage déclaré nul pour cause de bigamie ou d'inceste produit-il des effets civils ?

Non, le mariage nul ne produit point d'effet. Toutefois, si les époux ont été de bonne foi à l'époque ou ils se sont unis, c'est-à-dire s'ils ont ignoré l'existence de l'empêchement à leur mariage, cette union, appelée *mariage putatif*, produit entre les époux et entre les père et mère et leurs enfants, les mêmes effets civils que si l'empêchement n'eût pas existé.

§ 2. — Des obligations résultant du mariage.

Quelles sont les obligations qui résultent du mariage?

Les obligations qui résultent du mariage sont :

1° Pour les père, mère et autres ascendants, de fournir des aliments à leurs enfants et descendants;

2° Pour les descendants, de fournir des aliments à leurs père, mère et autres ascendants,

3° Pour chaque époux, de fournir des aliments à son beau-père et à sa belle-mère non remariée;

4° Pour les beau-père et belle-mère, de fournir des aliments à leurs gendre et belle-fille.

Qu'entend-on par aliments?

On entend par aliments la somme nécessaire à une personne pour sa nourriture, son vêtement et son logement.

Comment la somme due pour aliments est-elle déterminée?

La somme due pour aliments est déterminée par le tribunal civil, qui prend en considération les besoins de celui qui réclame des aliments, ainsi que la fortune et les ressources de celui qui les doit.

N'est-on pas tenu de venir en aide à d'autres parents et même aux non-parents qui sont dans le besoin?

Oui, la nature, la morale et la religion nous imposent le devoir de secourir nos semblables dans la mesure de nos facultés; mais le législateur n'élève pas ce devoir au rang d'obligation civile.

§ 3. — Des droits et des devoirs respectifs des époux.

Quels sont les droits et les devoirs que le mariage fait naître entre époux?

Par le fait du mariage, chaque époux doit à son conjoint fidélité, secours et assistance.

Quel est le chef de l'union conjugale?

La loi civile, qui est d'ailleurs conforme à la nature et à la religion, établit le mari comme chef de l'union conjugale et de la famille.

La puissance du mari sur sa femme ressemble-t-elle à celle d'un maître absolu?

Non; la puissance du mari sur sa femme n'est pas celle d'un maître; elle a le caractère d'une affectueuse protection. Mais la femme doit respect et obéissance à son mari.

Par qui les biens de la femme mariée sont-ils administrés?

Les biens de la femme mariée sont administrés par le mari. Les époux peuvent cependant valablement convenir, par contrat de mariage, que la femme en conservera l'administration.

Les époux peuvent-ils convenir par contrat de mariage que la femme aura le droit de disposer de ses biens, d'hypothéquer ses immeubles et de faire le commerce?

Non; la convention portant que la femme pourra librement aliéner ses immeubles, les hypothéquer et faire le commerce serait contraire à l'ordre public et frappée de nullité. Pour tous les actes dépassant les limites de la libre administration, la femme a toujours besoin de l'autorisation spéciale de son mari.

La femme mariée a-t-elle besoin d'autorisation pour faire son testament?

Non, la femme mariée n'a pas besoin d'autorisation pour faire son testament, parce que cet acte ne produit d'effet qu'au décès et par conséquent lors de la dissolution du mariage.

Le refus d'autorisation du mari met-il la femme dans l'impossibilité absolue de faire un acte qui lui serait avantageux ?

Non ; en cas de refus du mari, la femme peut recourir à l'autorisation du tribunal civil.

L'acte par lequel la femme dépasse la limite de ses pouvoirs a-t-il quelque valeur ?

Oui ; celui qui a contracté avec la femme mariée ne peut point se soustraire à son engagement. Mais la femme, le mari et leurs héritiers peuvent faire prononcer par le tribunal civil la nullité du contrat.

§ 4. — De la dissolution du mariage.

Comment se dissout le mariage ?

Le mariage ne se dissout que d'une manière, qui est la mort de l'un des époux.

L'époux survivant peut-il contracter aussitôt un second mariage ?

Le mari survivant peut, après l'accomplissement des formalités nécessaires, contracter aussitôt un second mariage ; mais la veuve ne peut se remarier qu'après les dix mois qui suivent la dissolution de son mariage.

TITRE VI. — DE LA SÉPARATION DE CORPS.

Qu'est-ce que la séparation de corps ?

La séparation de corps est un moyen que la loi accorde à l'époux dont l'honneur ou l'existence sont gravement compromis par le fait de son conjoint, de se soustraire à la cohabitation conjugale.

Quelles sont les principales causes de séparation de corps ?

Les principales causes de séparation de corps sont

l'adultère de la femme, l'adultère du mari qui entretient une concubine dans la maison conjugale, les coups et les injures graves.

Où est portée la demande en séparation de corps?

La demande en séparation de corps est portée devant le tribunal civil, après que le président a vainement essayé de réconcilier les époux. Pendant l'instance, des mesures provisoires sont prises à l'égard de la femme et des enfants.

Quand le tribunal prononce la séparation de corps, le mariage se trouve-t-il par là brisé?

Non, le mariage n'est pas brisé par la séparation de corps : les époux se doivent toujours fidélité, secours et assistance, et la femme ne peut faire sans l'autorisation de son mari, les actes dépassant les limites de l'administration. Toutefois, le lien conjugal se trouve relâché : la séparation de corps produit la séparation de domiciles et la séparation de biens; elle a aussi pour effet d'affaiblir la présomption de paternité à l'égard des enfants qui sont postérieurement conçus.

La séparation de corps peut-elle cesser?

Oui, la séparation de corps cesse quand les époux manifestent leur intention de vouloir encore habiter ensemble et font rédiger à cet effet un acte notarié qu'ils rendent public. La loi voit toujours avec la plus grande faveur le repentir du coupable, le pardon de l'injure et le rétablissement de la concorde entre les époux.

TITRE VII. — DE LA PATERNITÉ ET DE LA FILIATION.

Quel est le sens des mots paternité et filiation?

Les mots paternité et filiation, qui expriment les deux termes opposés du même rapport de famille, désignent le lien qui unit l'enfant à ses père et mère.

Combien y a-t-il d'espèces de filiation et, par suite, de paternité?

Il y a deux espèces de filiation : la filiation légitime, qui dérive du mariage, et la filiation naturelle, qui dérive de relations illicites **entre un homme et une** femme.

§ 1ᵉʳ. — De la filiation légitime.

Quand un enfant est-il légitime?

Un enfant est légitime quand il a été conçu pendant le mariage de ses père et mère.

Comment sait-on si un enfant a été conçu pendant le mariage de ses père et mère?

La durée de la grossesse pouvant varier de cent quatre-vingts jours à trois cents jours, l'enfant est légitime s'il naît après le cent quatre-vingtième jour du mariage, ou avant le trois-centième jour de la mort du mari, car on prend toujours celui des deux termes qui est le plus favorable à la légitimité de l'enfant.

La présomption légale que « l'enfant conçu pendant le mariage a pour père le mari de la mère, » peut-elle être attaquée?

La présomption légale de paternité ne peut être attaquée que dans quelques cas très-rares, et seulement dans un court délai, qui est ordinairement d'un mois depuis la naissance de l'enfant. Ainsi le mari de la mère peut désavouer l'enfant qui a été conçu pendant la séparation de corps.

L'enfant qui naît avant le cent quatre-vingtième jour qui suit le mariage, peut-il être désavoué par le mari de la mère?

Comme l'enfant qui naît avant le cent quatre-vingtième jour depuis la célébration de l'union conjugale, n'a pas été conçu pendant le mariage, la règle générale est qu'il peut être désavoué dans le mois qui suit sa naissance. Toutefois, le mari serait déclaré non recevable dans son action en désaveu s'il avait connu la grossesse de son épouse avant le mariage, s'il avait fait inscrire l'enfant sous son nom dans les actes de l'état civil, ou si cet enfant n'était pas né viable.

Quels sont les moyens de prouver qu'on est fils légitime?

Les moyens de prouver qu'on est fils légitime d'une personne sont : 1° l'acte de naissance inscrit sur le registre de l'état civil ; 2° la possession de l'état d'enfant légitime ; 3° enfin, le commencement de preuve par écrits émanés des père et mère.

§ 2. — De la filiation naturelle.

Combien y a-t-il de sortes d'enfants naturels?

Il y a trois sortes d'enfants naturels : les enfants naturels simples, les enfants naturels adultérins et les enfants naturels incestueux. L'enfant est *naturel simple* quand, lors de la conception, ses père et mère pouvaient se marier ensemble ; il est *adultérin*, si l'un des père et mère était marié ; il est *incestueux*, si les liens de la parenté ou de l'alliance mettaient empêchement au mariage des père et mère. Les enfants nés de l'adultère et de l'inceste sont heureusement très-rares.

Comment les père et mère reconnaissent-ils leur enfant naturel simple?

Les père et mère reconnaissent leur enfant naturel simple dans son acte de naissance ou dans un acte authentique postérieur rédigé par le maire ou par un notaire.

Si le comparant déclare dans l'acte de naissance d'un enfant naturel le nom de la mère, cette déclaration constitue-t-elle une reconnaissance de l'enfant par sa mère?

Non ; lorsque le comparant déclare le nom de la mère dans l'acte de naissance de l'enfant naturel, cette déclaration ne constitue pas une reconnaissance de la part de la mère, si celle-ci n'a pas donné un pouvoir notarié pour faire une pareille reconnaissance.

Comment la mère reconnaît-elle ordinairement son enfant naturel?

La mère reconnaît ordinairement son enfant naturel en déclarant personnellement à la mairie, qu'elle est la mère de l'enfant dont la naissance a été antérieurement inscrite sur les registres de l'état civil.

L'acte de reconnaissance, par la mère, de son enfant naturel est-il inscrit sur les registres de l'état civil?

Oui, l'acte de reconnaissance, par la mère, de son enfant naturel est inscrit sur les registres de l'état civil, et mention de cette reconnaissance est faite en marge de l'acte de naissance de l'enfant.

L'enfant naturel simple est-il admis à rechercher judiciairement quels sont ses père et mère?

L'enfant naturel n'est généralement pas admis à la recherche de la paternité; mais il peut rechercher la maternité quand il a un commencement de preuve par écrit émané de sa mère.

§ 3. — De la légitimation.

Quels enfants peuvent être légitimés?

Les enfants qui peuvent être légitimés sont les enfants naturels simples.

Comment l'enfant naturel simple est-il légitimé?

L'enfant naturel est légitimé par le mariage de ses père et mère qui l'ont reconnu avant leur mariage ou dans l'acte même de célébration de leur mariage.

Quels effets produit la légitimation?

La légitimation donne à l'enfant naturel les mêmes droits à la succession de ses père et mère que s'il était né de leur mariage.

TITRE VIII. — De l'adoption et de la tutelle officieuse.

I. Adoption. — *Qu'est-ce que l'adoption?*

L'adoption est un acte qui établit entre l'adoptant et l'adopté des rapports civils de paternité et de filiation.

Y a-t-il plusieurs sortes d'adoption?

Oui, il y a l'adoption ordinaire, et l'adoption appelée *rémunératoire*, parce qu'elle tend à récompenser l'adopté qui a sauvé la vie de l'adoptant dans un combat, ou en le retirant de l'incendie ou des flots.

Quelles sont les conditions requises pour l'adoption ordinaire?

Pour l'adoption ordinaire, il faut : 1° que l'adoptant ait cinquante ans au moins; 2° qu'il n'ait pas d'enfants légitimes; 3° qu'il ait fourni à l'adopté des soins non interrompus pendant six ans de la minorité de celui-ci; 4° que l'adopté ait au moins vingt et un ans.

Toutes les conditions requises pour l'adoption ordinaire sont-elles nécessaires pour l'adoption rémunératoire?

Non, pour l'adoption rémunératoire il suffit que l'adoptant n'ait pas d'enfants légitimes, qu'il soit plus âgé que l'adopté et que les deux parties soient majeures.

Comment se fait l'adoption?

L'adoption se fait de la manière suivante :

L'adoptant et l'adopté font dresser par le juge de paix l'acte constatant leur intention; ils s'adressent ensuite au tribunal de première instance, puis à la cour impériale, qui admet ou rejette l'adoption. L'arrêt de la cour qui admet l'adoption est rendu public; il est transcrit, dans les trois mois, sur les registres de l'état civil du domicile de l'adoptant.

Quels sont les effets de l'adoption?

L'adoption donne à l'adopté, ainsi qu'à ses enfants, les mêmes droits à la succession de l'adoptant que s'il était son fils légitime ; mais elle ne lui donne aucun droit à la succession des membres de la famille de l'adoptant. Celui-ci n'acquiert pas le droit de succéder à l'adopté ni à ses enfants.

II. TUTELLE OFFICIEUSE. — *Qu'est-ce que la tutelle officieuse ?*

La tutelle officieuse est une tutelle qui sert de préparation à l'adoption. Elle est appelée officieuse, parce que le tuteur s'engage à fournir gratuitement au mineur la nourriture et l'éducation.

Quelles sont les conditions nécessaires à l'existence de la tutelle officieuse ?

Pour l'existence de la tutelle officieuse, il faut que le tuteur ait au moins cinquante ans, qu'il n'ait pas d'enfants légitimes, et que le mineur ait moins de quinze ans.

Comment se forme la tutelle officieuse ?

La tutelle officieuse se forme par un procès-verbal du juge de paix exprimant la volonté du tuteur officieux et de la personne qui a autorité sur le mineur.

Quand l'adoption du pupille peut-elle avoir lieu ?

L'adoption peut avoir lieu quand le pupille est devenu majeur. Toutefois, le tuteur officieux qui a déjà exercé la tutelle pendant cinq ans et qui prévoit son décès prochain, a le droit d'adopter son pupille par acte testamentaire.

TITRE IX — DE LA PUISSANCE PATERNELLE.

Qu'est-ce que la puissance paternelle ?

La puissance paternelle est l'autorité que la loi donne au père et à la mère sur la personne et sur les biens de leurs enfants.

La puissance paternelle est-elle perpétuelle ?

Non, la puissance paternelle dure seulement jusqu'à

l'émancipation ou jusqu'à la majorité de l'enfant. Mais l'honneur et le respect sont toujours dus par l'enfant à ses père et mère.

L'autorité de la mère sur les enfants est-elle égale à celle du père?

Oui, l'autorité de la mère sur les enfants est égale à celle du père; mais, tant que dure le mariage, c'est le père seul qui exerce cette autorité.

Quels pouvoirs a, sur la personne de ses enfants, celui des père et mère qui exerce la puissance paternelle?

Celui des père et mère qui exerce la puissance paternelle a un pouvoir presque absolu en ce qui concerne l'éducation religieuse, civile et professionnelle de ses enfants. Il a aussi le pouvoir de les corriger et même de les faire emprisonner pendant un certain délai. On a pensé avec raison que les père et mère chercheraient généralement en tout le véritable bonheur de leurs enfants, qui sont leurs plus chers trésors.

En quoi consiste la puissance paternelle sur les biens des enfants?

La puissance paternelle sur les biens des enfants consiste dans la jouissance ou usufruit des biens appartenant aux enfants qui n'ont pas encore l'âge de dix-huit ans. Cette jouissance est une faible compensation des soins et des dépenses de l'éducation. Toutefois, les biens que l'enfant a gagnés par lui-même et ceux qui lui ont été donnés ou légués sous la condition qu'il en garderait le revenu, sont affranchis de la jouissance légale des père et mère.

TITRE X. — DE LA MINORITÉ, DE LA TUTELLE ET DE L'ÉMANCIPATION.

§ 1ᵉʳ. — De la minorité.

Qu'est-ce qu'un mineur?

Un mineur est celui qui n'a pas encore l'âge de vingt et un ans. Celui qui a plus que cet âge est majeur.

Le mineur et le majeur ont-ils la même capacité?

Non, le mineur et le majeur n'ont pas la même capacité : quoiqu'ils aient tous deux la jouissance des droits civils, le majeur seul en a l'exercice.

§ 2. — De la tutelle.

Par qui sont exercés les droits civils du mineur?

Si le mineur a son père et sa mère, ses droits civils sont exercés par son père ; s'il a perdu ses père et mère ou l'un d'eux, ses droits sont exercés par un tuteur qui le représente.

Qu'est-ce que la tutelle ?

La tutelle est une charge que la loi impose à une personne pour protéger un incapable et administrer ses biens. Celui qui exerce la tutelle s'appelle tuteur, et le mineur en tutelle est appelé pupille.

I. — Combien y a-t-il de sortes de tutelle?

Il y a quatre sortes de tutelle : 1° la tutelle du survivant des père et mère, qui exerce en même temps la puissance paternelle; 2° la tutelle déférée par le survivant des père et mère; 3° la tutelle des ascendants; 4° enfin, la tutelle déférée par le conseil de famille.

La tutelle des enfants appartient-elle de plein droit au survivant des père et mère?

Oui, la tutelle des enfants appartient de plein droit au survivant des père et mère. La raison demande que celui qui exerce la puissance paternelle exerce aussi la tutelle. Toutefois, si la mère tutrice craint que son administration ne compromette les intérêts de ses enfants, elle a le droit de se démettre de la tutelle et de faire nommer un autre tuteur à sa place.

Que doit faire la mère tutrice qui se remarie?

La mère tutrice qui se remarie doit, sous peine d'être déchue de la tutelle, faire convoquer par le juge de paix le conseil de famille qui décide si elle restera tutrice. Quand elle conserve la tutelle, son mari devient cotuteur.

Que doit faire l'épouse survivante qui n'a pas d'enfant et qui se croit enceinte?

L'épouse survivante qui se croit enceinte doit faire convoquer par le juge de paix le conseil de famille, afin de nommer un curateur au ventre, dont la mission est d'administrer les biens de la succession du mari jusqu'à la naissance de l'enfant.

Comment le survivant des père et mère nomme-t-il un tuteur à ses enfants?

Le survivant des père et mère nomme un tuteur à ses enfants par testament ou bien par un acte passé devant le juge de paix ou devant un notaire.

Si le survivant des père et mère meurt sans avoir nommé de tuteur, à qui revient la tutelle?

Quand le survivant des père et mère n'a pas nommé de tuteur, la tutelle revient au plus proche ascendant; s'il existe dans les lignes paternelle et maternelle des ascendants du même degré, la tutelle appartient à l'ascendant paternel.

Lorsque le survivant des père et mère est mort sans avoir nommé de tuteur et qu'il n'y a pas d'ascendant, à qui est déférée la tutelle?

La tutelle, à défaut d'ascendant du mineur, est déférée à une personne choisie par le conseil de famille convoqué à cet effet par le juge de paix.

Y a-t-il un conseil de famille dans toute tutelle?

Oui, il y a un conseil de famille dans toute tutelle, alors même qu'il s'agit de la tutelle du survivant des père et mère.

Quelles sont les attributions du conseil de famille?

Les attributions du conseil de famille sont de délibérer sur les graves intérêts du mineur, et de prendre, à cet égard, les décisions qui devront être exécutées par le tuteur.

Comment est composé le conseil de famille?

Le conseil de famille est composé du juge de paix et de six parents ou alliés, dont trois sont pris dans la ligne paternelle du mineur et trois dans la ligne maternelle, suivant l'ordre de proximité dans chaque ligne ; à égalité de degré, le parent est préféré à l'allié, le plus âgé au plus jeune.

Que fait-on si l'une des lignes ne renferme pas suffisamment de parents ou alliés domiciliés dans le rayon de deux myriamètres?

Quand, dans une ligne, il n'y a pas suffisamment de parents sur les lieux, le juge de paix appelle au conseil de famille, soit des parents ou alliés domiciliés à plus de deux myriamètres, soit des personnes qui ont eu des relations habituelles d'amitié avec les parents du mineur.

Tout membre du conseil de famille est-il tenu de se rendre à la convocation faite par le juge de paix?

Oui, tout membre du conseil de famille est tenu, sous peine d'amende, de se rendre à la convocation du conseil de famille, ou de s'y faire représenter par un fondé de procuration.

Le tuteur n'a-t-il pas un surveillant spécial?

Oui ; dans toute tutelle, le conseil de famille choisit dans la ligne opposée à celle du tuteur, un subrogé tuteur qui a pour mission de surveiller l'administration du tuteur, de veiller aux intérêts de toute nature du pupille, et de les défendre quand ils sont en opposition avec ceux du tuteur.

II. — *Qu'est-ce qu'une excuse de tutelle?*

Une excuse de tutelle est une cause qui dispense une personne de la charge de la tutelle.

Quelles sont les causes d'excuse?

Les causes d'excuse sont : certaines fonctions publiques, l'état militaire, deux tutelles, cinq enfants légitimes, l'âge de soixante-cinq ans et les infirmités graves.

Dans quel délai et où le tuteur doit-il proposer ses excuses?

Le tuteur doit proposer ses excuses au conseil de famille, dès qu'il est nommé, s'il est présent ; s'il n'est pas présent lors de sa nomination, il doit les proposer dans les trois jours qui suivent l'instant où il a connu sa nomination. Le conseil de famille prononce sur l'admissibilité des excuses, sauf recours au tribunal de première instance.

Quelles personnes sont incapables de gérer la tutelle?

Les personnes incapables de gérer la tutelle sont : 1° les femmes, excepté la mère et les ascendantes du mineur ; 2° les mineurs, excepté le père ou la mère ; 3° les interdits.

Quelles sont les personnes indignes de la tutelle?

Les personnes indignes de la tutelle sont celles qui ont été condamnées à des peines infamantes, et celles dont l'inconduite, l'incapacité ou l'infidélité sont généralement connues. Il y aurait danger à confier à de pareilles gens la direction du pupille et l'administration de ses biens.

III. — *En quoi consiste la mission du tuteur?*

La mission du tuteur a un double objet : la personne et les biens du mineur. Le tuteur doit : 1° veiller à la santé, à l'honneur et à la bonne éducation de son pupille, et par conséquent l'initier dans l'exercice honnête et intelligent des droits civils ; 2° apporter à la gestion des biens de son pupille les soins d'un bon père de famille. La première de ces obligations, qui est la plus grave, est quelquefois trop négligée.

Le tuteur n'a-t-il pas des obligations à remplir avant son entrée en gestion des biens?

Oui ; le tuteur doit remplir, avant son entrée en gestion des biens, trois obligations. 1° Dans les dix jours de sa nomination, il doit requérir du juge de paix la levée des scellés, et faire aussitôt procéder par un notaire, en présence du subrogé tuteur, à l'inventaire des biens mobiliers du mineur. 2° Dans le mois qui suit la confection de l'inventaire, il doit faire vendre, par un officier ministériel, aux enchères publiques et après affiches, les meubles du mineur ; toutefois, celui des père et mère qui a la jouissance légale des biens de son enfant, peut garder les meubles en les faisant estimer par un expert nommé par le subrogé tuteur. 3° S'il s'agit d'un tuteur autre que le père ou la mère, il doit faire fixer au plus tôt, par le conseil de famille, la somme qui sera employée annuellement aux dépenses du mineur.

Ne divise-t-on pas les actes de la tutelle en plusieurs classes?

Oui, on divise les actes de la tutelle en cinq classes qui se réfèrent à l'étendue des pouvoirs du tuteur.

Quels sont les actes de tutelle compris dans la première classe?

Les actes compris dans la première classe sont ceux de simple administration, que le tuteur peut faire seul. Tels sont : consentir des baux de neuf ans ; percevoir les fruits, toucher les intérêts et revenus ; recevoir les capitaux et en donner quittance ; intenter les actions mobilières ; défendre à toute espèce d'actions, et vendre des rentes dont le revenu annuel n'excède pas 50 francs.

Quels sont les actes de la seconde classe?

Les actes de la seconde classe sont ceux que le tuteur ne peut faire qu'avec l'autorisation du conseil de famille. Par exemple : accepter une donation, une suc-

cession, ou y renoncer ; intenter une action immobilière ; provoquer le partage d'une succession, et
vendre des rentes dont le revenu annuel excède 50 fr.

Quels sont les actes de la troisième classe?

Les actes de la troisième classe sont ceux que le
tuteur ne peut faire qu'après avoir obtenu l'autorisation du conseil de famille et l'homologation du tribunal. Ils sont au nombre de trois : emprunter des
sommes, aliéner des immeubles et consentir des hypothèques.

Quels sont les actes de la quatrième classe?

La quatrième classe ne renferme qu'un seul acte :
c'est la transaction, par laquelle les parties se font des
concessions réciproques dans le but de prévenir ou de
terminer un procès. Le tuteur ne peut transiger sur les
droits de son pupille qu'après avoir obtenu l'autorisation
du conseil de famille, l'homologation du tribunal et
l'avis de trois jurisconsultes.

Quels sont les actes de la cinquième classe?

Les actes de la cinquième classe sont ceux qui sont
absolument défendus. Or, il est défendu au tuteur :
1° de se rendre adjudicataire des biens de son pupille,
à moins qu'il ne soit copropriétaire avec lui des biens
mis aux enchères ; 2° d'acheter des droits de créances
contre son pupille ; 3° enfin, de compromettre, c'est-à-
dire de nommer un arbitre pour décider les contestations qui intéressent le pupille.

*Le tuteur ne fait-il pas quelquefois seul des actes dé-
passant les limites de l'administration?*

Oui, le tuteur fait quelquefois seul des actes dépassant les limites de l'administration. C'est ce qui arrive quand le père tuteur vend un immeuble de son
fils en se portant fort, c'est-à-dire en promettant à
l'acheteur que son fils ratifiera la vente quand il aura
atteint sa majorité. Si le fils majeur ratifie, cette vente
devient valable ; s'il refuse sa ratification, la vente

reste nulle : mais alors le père est tenu, en vertu de sa promesse, de payer des dommages-intérêts à l'acheteur.

IV. — Le tuteur n'est-il pas tenu, comme administrateur de la chose d'autrui, de rendre compte de sa gestion?

Oui, le tuteur est tenu de rendre compte de sa gestion lors de la cessation de ses fonctions.

A qui le compte de tutelle est-il rendu?

Le compte de tutelle est rendu au pupille arrivé à sa majorité. Si les fonctions du tuteur cessaient par la nomination d'un autre tuteur ou par l'émancipation du pupille, le compte de tutelle serait rendu au nouveau tuteur ou au mineur émancipé qui serait alors assisté d'un curateur.

Lorsque, d'après le compte de tutelle, le pupille est créancier de son tuteur, ou le tuteur créancier de son pupille, la somme due produit-elle des intérêts?

Si c'est le pupille qui reste créancier du tuteur, comme la loi ne veut pas le mettre dans la nécessité de se hâter de poursuivre celui qui a été le guide de son enfance, elle fait courir en sa faveur les intérêts de plein droit. Mais si c'est, au contraire, le tuteur qui reste créancier de son pupille, les intérêts de la somme due ne courent à son profit que du jour où il a fait au pupille une sommation par huissier de satisfaire au payement.

Le pupille n'a-t-il pas un droit de préférence pour obtenir le payement de ce qui lui est dû par son tuteur?

Oui, le pupille a, sur les immeubles de son tuteur, une hypothèque légale dispensée d'inscription et ayant rang du jour de l'ouverture de la tutelle. Mais ce rang serait perdu si, dans l'année qui suit la fin de la tutelle, l'hypothèque n'était pas révélée par une inscription prise au bureau des hypothèques.

§ 3. — De l'émancipation.

Qu'est-ce que l'émancipation?

L'émancipation est un acte qui fait cesser, à l'égard d'un mineur, la puissance paternelle ou la tutelle.

Comment se fait l'émancipation?

Le père, ou la mère survivante, émancipe son enfant en déclarant, à cet égard, sa volonté au juge de paix. S'il n'y a plus ni père ni mère, l'émancipation du pupille se fait par délibération du conseil de famille.

A quel âge le mineur peut-il être émancipé?

Si le mineur a quinze ans accomplis, il peut être émancipé par son père ou par sa mère survivante; quand il a perdu ses père et mère, il peut être émancipé à dix-huit ans accomplis par le conseil de famille.

L'émancipation n'a-t-elle pas lieu quelquefois de plein droit?

Oui, le mariage émancipe de plein droit le mineur. La loi veut qu'aucune attache de famille ne soit un obstacle à l'union complète des époux.

Le mineur émancipé a-t-il l'entier exercice de ses droits civils?

Non, le mineur émancipé est placé, en ce qui concerne l'administration de ses biens, dans une espèce de noviciat fort utile; ses pouvoirs ne sont pas assez étendus pour l'exposer à la perte de sa fortune.

Quels sont les pouvoirs de l'émancipé dans l'administration de ses biens?

L'émancipé peut, comme le tuteur, faire les actes de pure administration, passer des baux n'excédant pas neuf ans, percevoir les fruits et toucher les revenus de ses biens. Mais il a besoin d'être assisté d'un curateur, nommé par le conseil de famille, pour recevoir un capital mobilier et pour figurer dans une action immobilière. S'il s'agit d'actes dépassant les limites de l'administration, l'émancipé doit, de même, être assisté du curateur, et, en outre, remplir les formalités qui sont imposées au tuteur.

Les actes faits par un mineur non émancipé ou par un mineur émancipé agissant en dehors des limites de sa capacité, ont-ils de la valeur?

Oui, les actes faits par un mineur en dehors des limites de sa capacité obligent la partie qui a consenti à contracter avec lui; mais le mineur peut faire prononcer par le tribunal la nullité des actes qui lui préjudicient.

TITRE XI. — DE LA MAJORITÉ, DE L'INTERDICTION ET DU CONSEIL JUDICIAIRE.

Qu'est-ce que la majorité?

La majorité est l'état de celui qui a plus de vingt et un ans. A la différence du mineur, le majeur est entièrement capable d'exercer ses droits civils.

N'y a-t-il pas des majeurs qui sont frappés d'une incapacité plus ou moins complète d'exercer leurs droits civils?

Oui, il y a quelques majeurs frappés d'incapacité : ce sont les interdits et les prodigues.

Qu'est-ce que l'interdit?

L'interdit est une personne mise en tutelle soit par suite d'une condamnation criminelle à plus de cinq ans d'emprisonnement, soit par suite d'une sentence civile.

Dans quel cas une sentence civile frappe-t-elle une personne d'interdiction?

Une sentence civile frappe d'interdiction la personne qui est dans un état habituel de folie, de démence ou de fureur.

Quel effet produit l'interdiction?

Le majeur qui est interdit devient, comme le mineur, incapable d'exercer ses droits civils; il a, comme le mineur, un tuteur pour le représenter dans les actes vils, un subrogé tuteur et un conseil de famille.

Comment sont employés les revenus de l'interdit?

Les revenus de l'interdit sont tous capitalisés, s'il s'a d'un condamné; tandis que s'il s'agit d'un fou, ils s employés principalement à sa guérison.

Celui qui est renfermé dans une maison d'aliénés es privé par là de l'exercice de ses droits civils?

Oui, celui qui est renfermé dans une maison d'al nés est frappé de la même incapacité que l'interd tant que dure sa détention.

Qu'est-ce qu'un prodigue?

Un prodigue est celui qui dépense follement son c pital.

Celui qu'une sentence civile déclare prodigue est frappé de la même incapacité que l'interdit?

Non, le prodigue administre lui-même ses bien mais il a un surveillant, appelé conseil judiciaire, q lui est donné par le tribunal, et sans l'assistance duqu il ne peut faire les actes de nature à exposer sa fortun

Quelles personnes peuvent demander l'interdiction o le conseil judiciaire?

Les personnes qui peuvent demander l'interdictio ou le conseil judiciaire sont l'époux et les parents d fou ou prodigue.

Où la demande d'interdiction ou de conseil judiciair est-elle portée?

La demande d'interdiction ou de conseil judiciair est portée devant le tribunal de première instance, qui ne prononce sa sentence qu'après avoir reçu l'avis du conseil de famille et qu'après avoir entendu celui que l'on prétend être fou ou prodigue.

L'interdit et le prodigue sont-ils frappés d'une incapacité perpétuelle?

Non; l'interdit et le prodigue sont rétablis dans l'exercice de leurs droits civils, quand le tribunal croit que les causes ayant motivé sa sentence ont cessé d'exister.

LIVRE DEUXIÈME.

DES BIENS ET DES DIFFÉRENTES MODIFICATIONS DE LA PROPRIÉTÉ.

Qu'est-ce que la loi désigne par le mot biens?

Par le mot *biens*, la loi désigne les choses susceptibles d'estimation, et par conséquent de nature à contribuer, dans une certaine mesure, au bien-être et au bonheur.

TITRE Ier. — DE LA DISTINCTION DES BIENS.

Comment divise-t-on les biens?

On divise les biens en meubles et en immeubles.

Combien y a-t-il d'espèces de meubles?

Il y a deux espèces de meubles : les meubles par nature et les meubles par détermination de la loi.

Quels sont les meubles par nature?

Les meubles par nature sont les choses corporelles qui se meuvent par elles-mêmes, comme un cheval, et celles qui sont mues seulement par une force étrangère, comme un bâton.

Quels sont les meubles par détermination de la loi?

Les meubles par détermination de la loi sont les choses incorporelles concernant les meubles par nature; tels sont les créances et les actions ayant pour objet des sommes d'argent ou autres effets mobiliers, les rentes viagères ou perpétuelles, les intérêts ou actions dans les sociétés civiles ou commerciales.

Combien y a-t-il d'espèces d'immeubles?

Il y a trois espèces d'immeubles : les immeubles par nature, les immeubles par destination et les immeubles par l'objet auquel ils s'appliquent.

Quels sont les immeubles par nature?

Les immeubles par nature sont les choses corporelles qui ne peuvent être changées de place, c'est-à-dire les fonds de terre et les maisons. En outre, les arbres plantés, les fruits pendants aux arbres et les récoltes tenant au sol sont immeubles comme le fonds de terre dont ils font partie. De même, les pierres et autres matériaux composant un bâtiment, et tout ce qui s'y trouve scellé à chaux ou à plâtre, font partie de la maison et sont, par conséquent, immeubles comme elle.

Si les choses adhérentes au fonds de terre ou à la maison viennent à en être détachées, sont-elles encore immeubles?

Non : les choses adhérentes au fonds ou à la maison deviennent meubles dès qu'elles en sont détachées. Ainsi les arbres coupés, les fruits cueillis, les épis détachés du sol, les matériaux d'une maison démolie sont maintenant des meubles par nature.

Quels sont les immeubles par destination?

Les immeubles par destination sont les choses mobilières que le propriétaire a placées à perpétuelle demeure dans son fonds ou dans sa maison, comme les animaux destinés à la culture, les cuves et pressoirs, les ustensiles servant à l'exploitation d'une forge, d'une papeterie ou autre usine.

Quels sont les immeubles par l'objet auquel ils s'appliquent?

Les immeubles par l'objet auquel ils s'appliquent sont les droits et actions ayant pour objet des immeubles, et les démembrements de la propriété d'un immeuble, comme les droits d'usufruit, d'usage et de servitude.

TITRE II. — De la propriété.

Qu'est-ce que la propriété?

La propriété est le droit d'user, de jouir et de disposer d'une chose selon sa convenance, pourvu qu'on ne contrevienne pas aux lois.

Que signifie cette maxime : « La propriété est sacrée? »

La maxime : « La propriété est sacrée, » signifie que chacun doit respecter comme sacrée la chose d'autrui. Celui qui vend ou lègue une chose dont il n'est pas propriétaire est considéré comme convoitant la chose du prochain ; c'est pourquoi la loi frappe de nullité un pareil acte.

Le maître d'une chose peut-il être contraint à la vendre?

Non, le maître d'une chose ne peut pas être contraint à la vendre. Il y a cependant exception à cette règle dans le cas où l'utilité générale, qui doit l'emporter sur les intérêts privés, réclame impérieusement l'acquisition d'une chose. Ainsi, quand des fonds de terre ou le sol des maisons sont nécessaires pour l'établissement d'une rue, d'une route ou d'un chemin de fer, les propriétaires de ces fonds ou maisons voudraient en vain les garder : ils sont expropriés pour cause d'utilité publique ; mais ils ont droit à une juste et préalable indemnité.

Qu'entend-on par droit d'accession?

On entend par droit d'accession le droit du propriétaire d'une chose sur les fruits qu'elle produit et sur tout ce qui vient s'y unir.

Le propriétaire, qui profite de tous les fruits de son fonds, n'est-il pas tenu de rembourser les frais de labours, travaux et semences qui auraient été faits par des tiers?

Oui, le propriétaire qui profite des fruits de son fonds, doit payer les frais que des tiers y ont faits ; car l'équité naturelle ne permet à personne de s'enrichir aux dépens d'autrui.

Le possesseur de la chose d'autrui en acquiert-il les fruits?

Non; les fruits perçus par le possesseur de la chose d'autrui, appartiennent au propriétaire de cette chose. Cependant, si un possesseur a juste titre, il acquiert les fruits qu'il perçoit de bonne foi. Or, il a *juste titre*, quand il possède la chose en vertu d'un achat, d'une donation ou de toute autre cause qui est, de sa nature, translative de propriété. Il a *bonne foi*, quand il se croit propriétaire à l'époque où il perçoit les fruits de la chose possédée.

Si des fouilles, constructions ou plantations existent dans un fonds, par qui sont-elles présumées faites?

Les divers travaux existant sur un fonds sont présumés faits par le propriétaire et à ses frais, puisque la manière d'être de sa chose devant être respectée par tous, nul autre que lui n'avait le droit de les faire.

Le propriétaire qui a construit sur son fonds avec les matériaux d'autrui, est-il tenu de les restituer?

Non, le propriétaire du fonds n'est pas tenu de restituer les matériaux d'autrui qui, par leur incorporation au fonds, en sont devenus des accessoires : celui à qui appartenaient ces matériaux n'a plus droit qu'à une indemnité.

Le propriétaire sur le fonds duquel un tiers a fait des constructions, des plantations ou autres ouvrages, peut-il les garder sans avoir rien à payer?

Non, le propriétaire ne peut jamais garder les constructions faites par un tiers sans rien payer, car il s'enrichirait aux dépens d'autrui.

Que doit payer le propriétaire du fonds sur lequel un tiers a fait des travaux?

Le propriétaire du fonds doit payer au constructeur de bonne foi, c'est-à-dire se croyant propriétaire du fonds, le prix des matériaux et de la main-d'œuvre, ou, à son choix, la valeur dont le fonds se trouve augmenté. Quand le constructeur est de mauvaise foi, le propriétaire peut, à son choix, retenir les ouvrages en payant le prix des matériaux et de la main-d'œuvre, ou faire enlever les ouvrages, et, dans ce dernier cas, réclamer au constructeur la réparation du préjudice causé.

Le propriétaire du colombier, de la garenne ou de l'étang, dans lesquels s'établissent les pigeons, les lapins ou les poissons d'autrui, en acquiert-il la propriété?

Oui, le propriétaire acquiert les pigeons, les lapins et les poissons; mais il est tenu d'une indemnité s'il les a attirés par fraude ou artifice.

Qu'est-ce que l'alluvion?

L'alluvion est l'augmentation insensible de l'étendue d'un fonds, lorsque le fleuve y fait des atterrissements, ou qu'il se retire vers l'autre rive.

Le propriétaire profite-t-il de l'augmentation de son fonds par alluvion, sans avoir rien à payer.

Oui, le propriétaire du fonds accru par alluvion n'a rien à payer. Il serait d'ailleurs souvent impossible de préciser la personne à laquelle une indemnité serait due.

Le propriétaire du fonds dont une partie reconnaissable est transportée par la violence du fleuve dans un fonds inférieur, peut-il la revendiquer?

Oui, le propriétaire peut, mais seulement dans l'année, revendiquer la partie de son fonds contre le propriétaire du fonds inférieur.

Quand le fleuve se forme un nouveau lit, à qui appartient le lit abandonné?

Le lit abandonné appartient, à titre d'indemnité,

aux propriétaires des fonds nouvellement occupés par le fleuve.

A qui appartiennent les îles et îlots qui se forment dans un fleuve ou rivière?

Les îles et îlots qui se forment dans un fleuve appartiennent aux propriétaires riverains des deux côtés, à partir de la ligne qu'on suppose tracée au milieu du fleuve. Toutefois, ils appartiendraient à l'Etat s'il s'agissait d'un fleuve navigable ou flottable.

Quand deux choses mobilières ayant différents maîtres sont unies de manière à former un seul objet, quel est celui des maîtres qui est propriétaire de cet objet?

C'est le maître de la chose principale qui devient propriétaire de tout l'objet; mais il doit une indemnité au maître de la chose accessoire.

Que prend-on en considération pour connaître quelle est la chose principale?

Pour connaître quelle est la chose principale, on prend en considération la valeur, le volume, le poids et la main-d'œuvre des deux choses qui sont unies.

TITRE III. — De l'usufruit, de l'usage et de l'habitation.

Quels sont les divers démembrements de la propriété?

Les divers démembrements de la propriété sont les droits de jouissance, d'usage et d'habitation, qui sont constitués au profit des personnes, et les droits de servitude, qui sont constitués en faveur des immeubles.

§ 1er. — De l'usufruit.

Qu'est-ce que l'usufruit?

L'usufruit est le droit qu'a une personne d'user et de jouir de la chose d'autrui, à la charge d'en conserver la substance.

Comment appelle-t-on celui qui a l'usufruit, c'est-à-dire à la fois l'usage et la jouissance de la chose?

On appelle celui auquel l'usufruit appartient *usufruitier*; tandis que le maître de la chose est nommé *nu-propriétaire*.

Sur quels biens peut s'établir le droit d'usufruit?

Le droit d'usufruit peut s'établir sur toute espèce de biens, meubles ou immeubles.

L'usufruit peut-il être établi sur les choses qui se consomment par l'usage, comme l'argent, les grains et les liqueurs?

Oui, l'usufruit peut s'établir sur les choses qui se consomment par l'usage. Mais il existe alors un usufruit improprement dit. Les choses sont estimées; l'usufruitier en acquiert la pleine propriété et, par suite, il peut en disposer à son gré, car son obligation consiste à en payer l'estimation, lors de l'extinction de son droit.

Comment est constitué le droit d'usufruit?

Le droit d'usufruit est constitué par acte entre-vifs, par testament ou même par la loi; en effet, celui des père et mère qui exerce la puissance paternelle a l'usufruit légal des biens de ses enfants qui n'ont pas encore dix-huit ans.

Quels sont les droits de l'usufruitier?

L'usufruitier a droit à tous les fruits de la chose, c'est-à-dire à tout ce qu'elle produit d'après sa destination. Mais, comme il en doit conserver la substance qui appartient au nu-propriétaire, il ne peut ni la dénaturer ni en disposer.

Combien distingue-t-on d'espèces de fruits?

On distingue trois espèces de fruits : les fruits naturels, les fruits industriels et les fruits civils.

Quels sont les fruits naturels?

Les fruits naturels sont les fruits produits spontanément par la terre , comme le bois, le foin. Le produit et le croît des animaux sont aussi des fruits naturels.

Quels sont les fruits industriels?

Les fruits industriels sont ceux qui sont produits par la culture, comme le blé et le raisin.

Quels sont les fruits civils?

Les fruits civils sont ceux qui résultent d'une convention ou de la loi, comme les intérêts des capitaux , les arrérages des rentes ou pensions et le prix des baux.

Tous les fruits s'acquièrent-ils de la même manière?

Non, tous les fruits ne s'acquièrent pas de la même manière. Les fruits naturels et les fruits industriels s'acquièrent par la perception faite conformément aux usages des anciens propriétaires. Les fruits civils s'acquièrent, au contraire, jour par jour; en conséquence, ils appartiennent à l'usufruitier ou même à ses héritiers dans la proportion de la durée du droit d'usufruit.

Si l'usufruit s'ouvre quand la vendange, la moisson ou la coupe de bois est sur le point d'avoir lieu, l'usufruitier qui la fait doit-il au nu-propriétaire les frais de labours, semences et autres?

Non, l'usufruitier qui fait la récolte déjà mûre lors de l'ouverture de son droit, ne doit absolument rien au nu-propriétaire. Mais , de son côté, il ne peut rien réclamer si son usufruit finit lors de la maturité des fruits non encore perçus, ou lorsque la coupe de bois, qui, par sa négligence, n'a pas eu lieu, aurait pu être faite d'après l'ordre des aménagements.

L'usufruitier peut-il céder son usufruit?

Non, l'usufruitier ne peut pas céder son usufruit; un pareil droit est essentiellement personnel et incessible. Mais l'usufruitier peut vendre, donner ou louer *l'exercice* de son droit, c'est-à-dire la faculté qu'il a de percevoir les fruits de la chose tant que durera son usufruit. Les baux qu'il a faits pour une durée de neuf ans doivent toujours, lors de la cessation de l'usufruit, être respectés par le propriétaire.

Quelles sont les obligations de l'usufruitier?

L'usufruitier doit, avant son entrée en jouissance, fournir caution de jouir en bon père de famille, et faire procéder, à ses frais, à l'inventaire des meubles et à l'état des immeubles. Il doit aussi, pendant la durée de sa jouissance, supporter toutes les charges annuelles du fonds, notamment les impôts, et faire toutes les réparations autres que les grosses, celles-ci restant à la charge du nu-propriétaire.

Quelles sont les grosses réparations?

Les grosses réparations sont celles qui concernent les gros murs et les voûtes, le rétablissement des poutres et des couvertures entières, et celui des digues, des murs de soutènement et de clôture aussi en entier.

Le père, ou la mère survivante, qui a l'usufruit légal des biens de ses enfants mineurs, est-il tenu de fournir caution?

Non, le père, ou la mère survivante, qui a l'usufruit légal, est dispensé de fournir caution.

Comment s'éteint l'usufruit?

L'usufruit s'éteint par la mort de l'usufruitier, par la perte de la chose, par l'expiration du temps fixé pour sa durée, par la consolidation ou réunion sur la même tête de l'usufruit et de la nue propriété, et enfin par l'abus grave de la jouissance.

§ 2. — De l'usage et de l'habitation.

Qu'est-ce que l'usage?

L'usage est le droit appartenant à une personne de se servir de la chose d'autrui et d'en percevoir les fruits nécessaires à ses besoins et à ceux de sa famille.

Qu'est-ce que l'habitation?

L'habitation est le droit conféré à une personne d'occuper dans la maison d'autrui les appartements qui lui sont nécessaires et à sa famille.

Quelles obligations doit remplir celui qui a l'usage ou l'habitation?

Celui qui a l'usage ou l'habitation doit remplir les mêmes obligations que l'usufruitier en ce qui concerne la caution à fournir et l'inventaire des meubles ou l'état des immeubles; mais il ne supporte les frais d'entretien et les charges annuelles que proportionnellement à sa jouissance.

Celui qui a l'usage ou l'habitation peut-il, comme l'usufruitier, en céder l'exercice?

Non, celui qui a l'usage ou l'habitation a un droit dont l'exercice est essentiellement personnel.

Comment se constituent et s'éteignent l'usage et l'habitation?

L'usage et l'habitation se constituent et s'éteignent par les mêmes modes que l'usufruit.

TITRE IV. — DES SERVITUDES OU SERVICES FONCIERS.

Qu'est-ce qu'une servitude?

Une servitude est une charge imposée sur un fonds pour l'usage et l'utilité d'un fonds appartenant à un autre propriétaire.

Comment appelle-t-on le fonds sur lequel pèse la servitude?

On appelle le fonds sur lequel pèse la servitude, *fonds servant;* tandis que celui en faveur duquel existe la servitude est appelé *fonds dominant.*

D'où dérivent les servitudes?

Les servitudes dérivent : 1° de la situation naturelle

des lieux ; 2° des obligations imposées par la loi ; 3° enfin, des conventions entre les propriétaires.

§ 1ᵉʳ. — Des servitudes qui dérivent de la situation des lieux.

Quelles sont les servitudes résultant de la situation des lieux ?

Les servitudes résultant de la situation des lieux sont celles qui concernent le bornage, la clôture des propriétés et l'écoulement des eaux.

I. — *En quoi consiste la servitude de bornage ?*

La servitude de bornage consiste dans l'obligation imposée aux propriétaires de fonds contigus de contribuer, sur la demande de l'un d'eux , aux frais nécessaires pour le bornage de leurs héritages.

Quels sont les frais occasionnés par le bornage ?

Les frais occasionnés par le bornage sont ceux d'arpentage, d'achat de bornes et de placement des bornes sur les lignes séparatives des héritages.

Les divers frais de bornage sont-ils supportés par moitié par les deux voisins qui procèdent au bornage ?

Oui, les propriétaires contribuent, chacun pour moitié, aux frais du bornage. Mais chaque voisin supporte les frais d'arpentage en proportion des vacations faites sur son fonds.

II. — *Chacun peut-il, sauf à laisser un passage au fonds enclavé, clore son héritage de murs, de haies, de palissades ou de fossés ?*

Oui, chacun peut clore sa propriété. Les anciennes lois qui empêchaient les propriétaires de clore leurs héritages sont abolies par le Code Napoléon.

III. — *Quelles sont les servitudes concernant l'écoulement des eaux ?*

Les servitudes concernant l'écoulement des eaux sont au nombre de deux : 1° le propriétaire du fonds inférieur est tenu de recevoir dans sa propriété les eaux qui découlent naturellement du fonds supérieur ; 2° le propriétaire d'une source, qui a généralement le droit d'en user à sa volonté, ne peut cependant en changer le cours s'il fournit aux habitants d'une commune ou hameau l'eau qui leur est nécessaire ; mais il a droit à une indemnité de la part des habitants, si ceux-ci ne l'ont pas prescrite par un usage de trente ans.

N'existe-t-il pas, à l'égard des eaux, une remarquable disposition ?

Oui, la loi donne à celui dont la propriété borde une eau courante, le droit de s'en servir à son passage pour l'irrigation de son héritage. Mais ce droit n'existe pas à l'égard des rivières navigables ou flottables.

N'y a-t-il pas des lois postérieures au Code Napoléon qui établissent des servitudes relativement à l'écoulement des eaux ?

Oui, des lois postérieures au Code Napoléon établissent des servitudes relativement à l'écoulement des eaux : ce sont celles de 1845 et de 1847 sur l'irrigation, et celle de 1854 sur le drainage. Elles ont toutes pour but de favoriser le développement de l'agriculture.

Quel est l'objet de la loi de 1845 sur l'irrigation ?

La loi de 1845 sur l'irrigation contient deux dispositions : 1° le propriétaire riverain qui, pour l'irrigation de ses propriétés riveraines ou non riveraines du fleuve, veut se servir des eaux dont il a le droit de disposer, peut, moyennant une indemnité, les faire passer sur les fonds intermédiaires ; 2° le propriétaire d'un fonds submergé peut aussi, moyennant indemnité, faire passer les eaux qui lui nuisent à travers les fonds intermédiaires, pour les faire arriver à un cours d'eau ou à toute autre voie d'écoulement.

Quel est l'objet de la loi de 1847 sur l'irrigation?

D'après la loi de 1847 sur l'irrigation, le propriétaire riverain qui veut se servir des eaux dont il a le droit de disposer, peut, moyennant une juste et préalable indemnité, appuyer sur la rive opposée les ouvrages d'art nécessaires à sa prise d'eau.

Qu'est-ce que le drainage?

Le drainage est l'assèchement des terres humides et conservant l'eau, afin d'assainir le fonds et d'en faciliter la culture.

Comment se pratique le drainage?

Le drainage se pratique au moyen de tuyaux de poterie placés dans des rigoles et communiquant les uns avec les autres, pour faciliter l'écoulement des eaux.

Quel est l'objet de la loi de 1854 sur le drainage?

La loi de 1854 sur le drainage dispose : 1° que le propriétaire qui veut drainer son fonds peut, moyennant indemnité, conduire les eaux nuisibles, souterrainement ou à ciel ouvert, à travers les propriétés qui séparent ce fonds d'un cours d'eau ou de toute autre voie d'écoulement; 2° que les propriétaires des fonds traversés peuvent, lorsqu'ils veulent eux-mêmes drainer leurs fonds, se servir des travaux faits par un voisin, en supportant une partie proportionnelle de la dépense.

N'y a-t-il pas des fonds affranchis des servitudes introduites par les lois de 1845, 1847 et 1854.

Oui, les maisons, cours, jardins, parcs et enclos attenant aux habitations sont affranchis des servitudes d'irrigation et de drainage.

§ 2. — Des servitudes établies par la loi.

Quelles sont les servitudes établies par la loi?

Les servitudes établies par la loi sont celles qui concernent : 1° la mitoyenneté du mur, du fossé ou de la haie ; 2° la distance à laisser ou les travaux à faire pour certaines constructions ; 3° l'égout des toits ; 4° le droit de passage ; 5° la distance prescrite pour la plantation des arbres ; 6° enfin, les droits de vue.

I. — *Quand une chose est-elle mitoyenne?*

Une chose est mitoyenne, mot composé des pronoms *moi* et *toi*, lorsqu'elle est placée entre deux fonds et que chaque voisin est propriétaire de la partie assise sur la limite de son héritage.

Quand un mur est-il présumé mitoyen?

Un mur est présumé mitoyen jusqu'à l'héberge, c'est-à-dire jusqu'au point le plus élevé du toit inférieur, quand il se trouve placé entre bâtiments, entre cours et jardins, ou entre enclos dans les champs.

La présomption de mitoyenneté ne cesse-t-elle pas devant les marques du contraire?

Oui, la présomption de mitoyenneté cesse devant les marques du contraire. Ainsi, le propriétaire du côté duquel sont différentes marques appelées chaperons, filets, corbeaux, est censé avoir la propriété du mur entier.

Les titres ou écrits ne l'emportent-ils pas sur les présomptions?

Oui, les écrits sont plus forts que les présomptions, car ils font la loi des parties.

Quelles sont les obligations des copropriétaires d'un mur mitoyen?

Les copropriétaires d'un mur mitoyen sont tenus de contribuer aux frais de réparation et de reconstruction du mur.

Quels sont les droits des copropriétaires d'un mur mitoyen?

Chacun des copropriétaires d'un mur mitoyen a le droit : 1° de placer des poutres dans toute l'épaisseur du mur mitoyen ; 2° de faire exhausser le mur, mais à ses frais et en payant à l'autre copropriétaire une indemnité à raison de la surcharge ; 3° de faire, à ses frais, abattre le mur qui n'est pas en état de supporter l'exhaussement, afin de le reconstruire avec plus de solidité.

Le copropriétaire du mur mitoyen peut-il acquérir la mitoyenneté de la partie exhaussée?

Oui, le copropriétaire du mur mitoyen peut acquérir la mitoyenneté de la partie exhaussée, mais en payant la moitié de ce que cet exhaussement a coûté.

Le voisin peut-il acquérir la mitoyenneté de tout ou partie d'un mur qui joint immédiatement sa propriété?

Oui, le voisin peut acquérir la mitoyenneté de tout ou partie du mur joignant sa propriété, en payant la valeur du sol qu'il acquiert et la moitié du mur qu'il rend mitoyen.

Un propriétaire a-t-il dans certains cas le droit de contraindre son voisin à contribuer aux frais de construction et de réparation d'un mur mitoyen?

Oui, dans les villes et faubourgs, un propriétaire a, pour cause de sécurité, le droit de contraindre son voisin à contribuer aux frais de construction et de réparation d'un mur séparant leurs maisons, cours et jardins.

Quand le fossé est-il présumé mitoyen?

Le fossé est présumé mitoyen toutes les fois qu'il est creusé entre deux héritages. La circonstance qu'un seul des héritages est en état de clôture ne ferait point, à l'égard du fossé, cesser la présomption de mitoyenneté.

N'existe-t-il pas quelquefois, à l'égard du fossé, des marques de non-mitoyenneté?

Oui, il y a marque de non-mitoyenneté du fossé quand le rejet de la terre se trouve d'un seul côté.

Alors, le fossé est présumé appartenir entièrement au propriétaire de l'héritage sur lequel est le rejet.

Quand la haie est-elle présumée mitoyenne?

La haie est présumée mitoyenne quand elle se trouve sur la limite de deux héritages.

L'un des voisins n'est-il pas quelquefois présumé propriétaire de toute la haie?

Oui, l'un des voisins est présumé propriétaire de toute la haie quand il a l'habitude de couper seul la haie, ou quand son héritage se trouve seul en état de clôture.

II. — *Les règlements n'imposent-ils pas au propriétaire l'obligation de laisser entre le mur, mitoyen ou non, et certaines constructions, une distance déterminée ou de faire des travaux intermédiaires?*

Oui, les règlements imposent au propriétaire, qui veut soit creuser un puits ou une fosse d'aisances, soit construire une cheminée ou âtre, forge, four ou fourneau, soit adosser une étable, soit établir un magasin de sel ou amas de matières corrosives, l'obligation de laisser entre le mur et le nouvel ouvrage une distance déterminée ou de faire des travaux intermédiaires, pour ne pas nuire au voisin.

III. — *Un propriétaire peut-il établir un toit de telle manière que les eaux pluviales soient versées sur le fonds de son voisin?*

Non, chaque propriétaire est tenu de faire écouler les eaux pluviales de ses toits sur la voie publique ou sur son terrain; il n'a pas le droit de les faire arriver sur le fonds de son voisin.

IV. — *En quoi consiste la servitude de passage?*

La servitude de passage consiste dans le droit accordé au propriétaire d'un fonds enclavé, et sans issue sur la voie publique, de réclamer, moyennant indemnité, un passage sur le fonds de ses voisins pour l'exploitation de son héritage.

V. — Quelle distance le propriétaire doit-il laisser entre le lieu où il veut planter un arbre et la limite de son héritage?

Le propriétaire doit laisser entre l'arbre qu'il veut planter et la limite de son héritage la distance de 2 mètres pour les arbres de haute tige, et celle d'un demi-mètre pour les haies vives et les arbres qui ne sont pas de haute tige ; sinon le propriétaire voisin pourrait, pendant trente ans, les faire abattre.

Quels sont les droits du propriétaire voisin sur l'héritage duquel s'étendent les branches ou les racines des arbres d'un autre héritage?

Le propriétaire voisin peut faire couper les branches et couper lui-même les racines qui avancent dans son héritage.

VI. — Le copropriétaire d'un mur mitoyen peut-il y ouvrir des fenêtres ou jours?

Non, le copropriétaire d'un mur mitoyen ne peut jamais y faire aucune ouverture sans le consentement de son copropriétaire.

Celui qui a la propriété entière d'un mur peut-il y ouvrir des fenêtres?

Oui, celui qui a la propriété entière d'un mur peut, à son gré, y ouvrir des fenêtres ou jours, pourvu qu'il existe, entre le lieu où se fait l'ouverture et la ligne séparative du fonds voisin, la distance de 1 mètre 90 centimètres quand il s'agit de vues droites, ou celle de 60 centimètres, quand il s'agit de vues de côté ou obliques. Lorsque cette distance n'existe pas, le propriétaire du mur peut seulement établir, à 2 mètres 60 centimètres au-dessus du rez-de-chaussée, et à 1 mètre 90 centimètres au-dessus du plancher des étages supérieurs, des jours garnis d'un châssis à verre dormant et d'un treillis de fer dont les mailles ont au plus 10 centimètres d'ouverture.

§ 3. — Des servitudes établies par le fait de l'homme.

Les propriétaires voisins peuvent-ils établir sur leurs fonds toute espèce de servitudes?

Oui, les propriétaires voisins peuvent établir sur leurs fonds toute espèce de servitudes, pourvu que ces servitudes soient établies sur un fonds en faveur d'un fonds appartenant à un autre propriétaire, et qu'elles ne contiennent rien de contraire à l'ordre public.

Comment divise-t-on les servitudes?

On divise les servitudes en deux classes, qui sont : 1° les servitudes continues ou discontinues; 2° les servitudes apparentes ou non apparentes.

Qu'est-ce qu'une servitude continue?

Une servitude continue est celle qui n'a pas besoin du fait actuel de l'homme pour être exercée, comme les vues et les conduites d'eau; tandis que la servitude *discontinue* ne s'exerce que par le fait actuel de l'homme, comme le passage et le puisage d'eau.

Qu'est-ce qu'une servitude apparente?

Une servitude apparente est celle qui s'annonce par des ouvrages extérieurs, comme une porte, une fenêtre; tandis que la servitude *non apparente* ne s'annonce point par des ouvrages extérieurs, comme la prohibition de bâtir sur un fonds.

Comment s'établissent les servitudes?

Les servitudes s'établissent par actes entre-vifs ou testamentaires.

Les servitudes qui sont en même temps continues et apparentes ne peuvent-elles pas s'établir autrement que par des écrits?

Oui, les servitudes continues et apparentes peuvent aussi s'établir : 1° par la prescription de trente ans;

2° par la destination du père de famille; or cette destination existe quand l'ancien propriétaire de deux fonds, maintenant divisés, a établi les choses dans l'état duquel résulte une servitude continue et apparente; 3° enfin, par l'aliénation que fait le propriétaire de l'un de ses deux fonds entre lesquels il existe un signe apparent d'ancienne servitude.

Par qui sont supportés les frais nécessaires pour l'usage et la conservation de la servitude?

Les frais nécessaires pour l'usage et la conservation de la servitude sont supportés par le propriétaire du fonds dominant, s'il n'existe pas à cet égard une convention contraire.

La servitude se trouve-t-elle modifiée par la division du fonds dominant ou du fonds servant?

Non, la servitude n'est pas modifiée par la division des fonds. Les divers propriétaires de parties du fonds dominant auront chacun la servitude, mais sans que celle-ci puisse être aggravée; c'est pourquoi ils devront tous, par exemple, exercer le droit de passage par le même endroit. Réciproquement, les divers propriétaires du fonds servant devront supporter chacun la servitude.

Comment s'éteignent les servitudes?

Les servitudes s'éteignent : 1° par le non-usage de la servitude pendant trente ans; 2° par la perte du fonds dominant ou du fonds servant, ou par tout autre événement qui rend impossible l'exercice de la servitude; 3° par la renonciation que fait le propriétaire du fonds dominant à son droit de servitude; 4° enfin, par la réunion sur la même tête du fonds dominant et du fonds servant.

LIVRE TROISIÈME.

DES DIFFÉRENTES MANIÈRES DONT ON ACQUIERT LA PROPRIÉTÉ.

—

DISPOSITIONS GÉNÉRALES.

Comment divise-t-on les manières d'acquérir la propriété?

On divise les manières d'acquérir la propriété en trois classes, qui sont :

1° Les manières d'acquérir d'après le droit naturel, ou bien d'après le droit civil ;

2° Les manières d'acquérir à titre universel, ou bien à titre particulier ;

3° Les manières d'acquérir à titre gratuit, ou bien à titre onéreux.

I. — *Quelles sont les manières d'acquérir la propriété d'après le droit naturel?*

Les manières d'acquérir la propriété d'après le droit naturel, qui sont d'ailleurs reconnues et confirmées par le droit civil, sont l'occupation, l'accession et la tradition.

Qu'est-ce que l'occupation?

L'occupation est l'appréhension d'une chose qui n'appartient à personne, avec l'intention d'en devenir propriétaire.

Quelles sont les choses qui n'appartiennent à personne?

Les choses qui n'appartiennent à personne sont les animaux sauvages et les poissons, jouissant de leur liberté, et les objets rejetés par le propriétaire. Celui qui s'empare de ces animaux, poissons ou objets par la chasse, par la pêche ou par la simple invention, en acquiert ainsi la propriété.

Celui qui trouve une chose oubliée ou perdue par le maître, en devient-il propriétaire?

Non, la chose oubliée ou perdue n'étant pas rejetée, elle reste la propriété de celui qui l'a oubliée ou perdue. De là, si celui qui la trouve tentait de se l'approprier, il commettrait un vol, puni par la loi.

Qu'est-ce que l'accession?

L'accession est la réunion d'une chose à une autre dont elle devient une partie accessoire. Le maître de la chose principale devient propriétaire du tout; mais il doit, en général, une indemnité à l'ancien maître de la chose accessoire.

Le trésor caché dans un fonds depuis très-longtemps et sur lequel personne ne pourrait justifier sa propriété, est-il l'accessoire du fonds?

Non, le trésor n'est pas l'accessoire du fonds, mais il n'est cependant pas une chose rejetée et pouvant appartenir au premier occupant. Dans cette circonstance, la loi attribue la moitié du trésor au maître du fonds, et l'autre moitié à celui qui l'a découvert par l'effet du hasard. Mais si le maître du fonds découvre le trésor par lui-même ou par des ouvriers employés à cet effet, il en acquiert la propriété entière.

Qu'est-ce que la tradition?

La tradition est la remise que le propriétaire fait de sa chose à une personne, dans le but de lui en transférer la propriété. La volonté commune des parties produit aussitôt son effet.

Quelles sont les manières d'acquérir d'après le droit civil?

Les manières d'acquérir d'après le droit civil sont : la succession, la donation entre-vifs, la donation testamentaire, l'effet des obligations et la prescription. Ces manières d'acquérir, qui ont une haute importance, sont expliquées dans les divers titres de ce livre.

II. — Quelles sont les manières d'acquérir la propriété à titre universel?

Les manières d'acquérir la propriété à titre universel sont la succession et la donation entre-vifs ou testamentaire de tous les biens ou d'une quotité des biens.

Quelles sont les manières d'acquérir à titre particulier?

Les manières d'acquérir à titre particulier sont, par exemple, l'occupation, la tradition, la vente, l'échange ou la donation d'un meuble ou d'un immeuble.

Quelle différence y a-t-il entre l'acquéreur à titre universel et l'acquéreur à titre particulier?

L'acquéreur à titre universel est tenu des dettes de son auteur, tandis que l'acquéreur à titre particulier n'en est pas tenu.

III. — Quelles sont les manières d'acquérir la propriété à titre gratuit?

Les manières d'acquérir la propriété à titre gratuit sont la succession, la donation, le legs et les autres actes où celui qui acquiert un droit ne donne aucun équivalent et reçoit une pure libéralité.

Quelles sont les manières d'acquérir à titre onéreux?

Les manières d'acquérir à titre onéreux sont la vente, l'échange et tous les autres contrats où celui qui acquiert une chose s'engage à donner lui-même un équivalent de cette chose.

TITRE Ier. — DES SUCCESSIONS.

Qu'est-ce qu'une succession?

Une succession est la transmission des biens, droits et charges d'une personne morte à un ou à plusieurs vivants qui deviennent héritiers.

Quand s'ouvre la succession d'une personne?

La succession d'une personne s'ouvre à l'instant même de son décès.

Combien y a-t-il d'espèces d'héritiers?

Il y a deux espèces d'héritiers : les héritiers légitimes et les héritiers irréguliers.

Quels sont les héritiers légitimes?

Les héritiers légitimes sont les membres de la famille civile du défunt.

Quels sont les héritiers irréguliers?

Les héritiers irréguliers sont l'enfant naturel, les père et mère naturels, les frères et sœurs naturels, le conjoint survivant et l'Etat.

Quelle différence y a-t-il entre les droits des héritiers légitimes et ceux des héritiers irréguliers?

L'héritier légitime est saisi des biens actifs et passifs du défunt; de là cette ancienne maxime : « Le mort saisit le vif, son hoir le plus proche et habile à succéder. » Il devient donc, à l'instant même de l'ouverture de la succession, propriétaire et possesseur de tous les biens qui la composent. L'héritier irrégulier, au contraire, n'a pas la saisine; quoiqu'il soit propriétaire des biens de la succession, il faut qu'il en demande la possession au tribunal civil du domicile du défunt.

Qui peut succéder?

Toutes les personnes, nées ou conçues, même les étrangers, sont également habiles à succéder. Toutefois, on exclut comme indignes ceux qui sont coupables de certains torts très-graves envers le défunt.

§ 1er. — Des divers ordres de succession.

Sur quoi reposent les divers ordres de succession?

Les divers ordres de succession reposent sur l'affection présumée du défunt.

A qui le défunt est-il présumé avoir voulu laisser sa succession?

Le défunt est présumé avoir voulu laisser sa succession à ses descendants plutôt qu'à ses ascendants, et à ses ascendants plutôt qu'à ses collatéraux. C'est pourquoi la loi établit trois ordres de succession : celui des descendants, celui des ascendants et celui des collatéraux.

Quels sont les parents que, dans chaque ordre, le défunt est censé avoir préférés?

Dans chaque ordre, le défunt est censé avoir préféré ses parents les plus proches à ses parents de degrés plus éloignés.

La succession échue à des ascendants ou à des collatéraux ne se divise-t-elle pas en deux parts?

Oui, la succession échue à des ascendants ou à des collatéraux se divise en deux parts : moitié de la succession appartient aux plus proches parents de la branche paternelle, et l'autre moitié appartient aux plus proches parents de la branche maternelle. Il arrive par là que des parents de deux ordres différents peuvent venir ensemble à une succession; que, par exemple, le père ou la mère peut concourir avec des collatéraux qui sont parents du défunt à des degrés éloignés.

Le plus proche parent du défunt exclut-il toujours le parent le plus éloigné de même ordre et de même branche?

Oui; en général, le parent le plus proche exclut le plus éloigné en degrés. Cependant, le bénéfice de la représentation qui existe en faveur des descendants du défunt, et en faveur des enfants de ses frère ou sœur, fait admettre à sa succession des parents en degrés inégaux de même ordre et de même branche.

Dans quel cas le bénéfice de la représentation fait-il arriver à la succession du défunt ses descendants de divers degrés?

Le bénéfice de la représentation fait arriver à la succession du défunt ses descendants de divers degrés dans le cas suivant : Une personne meurt, laissant un enfant et des petits-enfants nés d'un autre enfant prédécédé; les petits-enfants représentent leur père ou mère et prennent ensemble la part que celui-ci aurait eue s'il eût survécu; ils ont donc ensemble la moitié de la succession de leur aïeul, et l'enfant du défunt a l'autre moitié.

Dans quel cas le bénéfice de la représentation fait-il arriver à la succession du défunt des collatéraux de divers degrés?

Le bénéfice de la représentation fait arriver des collatéraux de divers degrés à la succession du défunt, quand celui-ci laisse des frères ou sœurs, et des neveux ou nièces nés de frères ou sœurs prédécédés : les neveux viennent prendre dans la succession, en concours avec leurs oncles, la part que leur père ou mère aurait eue s'il eût survécu.

Quand il y a lieu à la représentation, comment se fait le partage?

Quand il y a lieu à la représentation, le partage, qui se fait ordinairement par têtes, se fait alors par souches; tous les représentants d'une personne ne font ensemble qu'une souche et ne comptent que pour une personne.

S'il y a seulement des petits-fils nés d'enfants différents, ou des neveux nés de frères ou sœurs différents, le partage se fait-il aussi par souches?

Oui, tous les enfants d'une même personne la représentent, ne comptent tous que pour une tête, et ne prennent ensemble qu'une part.

Combien y a-t-il de lignes de parenté?

Il y a deux lignes de parenté : la ligne directe et la ligne collatérale. La ligne directe, qui se divise en ascendante et descendante, est la série des parents descendant l'un de l'autre. La ligne collatérale est la série des parents ne descendant pas l'un de l'autre, mais ayant un auteur commun.

Comment compte-t-on les degrés de parenté en ligne directe?

On compte les degrés de parenté en ligne directe par les générations. Ainsi, du père au fils, il y a un degré; de l'aïeul au petit-fils, il y a deux degrés.

Comment compte-t-on les degrés de parenté en ligne collatérale?

On compte les degrés de parenté en ligne collatérale par les générations qui existent dans l'une et l'autre ligne en remontant jusqu'à l'auteur commun. Ainsi, deux frères sont entre eux au second degré; l'oncle et le neveu, au troisième degré; les cousins germains, au quatrième degré, puisqu'il y a deux générations dans chaque ligne pour arriver à l'aïeul, qui est l'auteur commun des deux cousins.

§ 2. — Des successions déférées aux descendants, aux ascendants et aux collatéraux.

Tous les enfants du défunt ont-ils les mêmes droits à la succession de leurs père et mère?

Oui; tous les enfants légitimes, légitimés ou adoptifs ont des droits égaux à la succession de leurs père et mère. Ils succèdent par têtes, s'ils sont tous du premier degré; ils succèdent, au contraire, par souches, s'il y en a parmi eux qui viennent par représentation.

Quand les ascendants sont-ils appelés à succéder?

Les ascendants sont appelés à succéder quand le défunt ne laisse pas de descendants.

Les ascendants du défunt ont-ils tous les mêmes oitsrs dans sa succession?

Non, la succession déférée aux ascendants se divise

en deux parts : moitié appartient aux plus proches ascendants de la ligne paternelle, et l'autre moitié aux plus proches ascendants de la ligne maternelle.

S'il n'y a d'ascendants que dans une ligne, cet ascendant recueille-t-il toute la succession?

Non, quand il n'y a d'ascendant que dans une ligne, il ne prend qu'une moitié de la succession ; l'autre moitié revient aux parents collatéraux de l'autre ligne. Toutefois, l'ascendant père ou mère du défunt a l'usufruit du tiers de la moitié dévolue aux collatéraux.

Les frères et sœurs du défunt et les descendants d'eux sont-ils exclus par les ascendants?

Non. Les frères et sœurs du défunt et les descendants d'eux jouissent d'un privilége : ils prennent la moitié de la succession, si le défunt laisse ses père et mère; les trois quarts, si le défunt laisse seulement l'un de ses père et mère; et la totalité de la succession, si le défunt laisse des ascendants autres que père et mère.

Qu'entend-on par frères germains, frères consanguins et frères utérins?

Les frères sont germains, s'ils ont les mêmes père et mère; ils sont consanguins, s'ils ont le même père et des mères différentes; ils sont utérins, s'ils ont la même mère et des pères différents.

Comment se partage la succession du défunt qui laisse des frères germains, des frères consanguins et des frères utérins?

La succession se divisant, en ligne collatérale comme en ligne ascendante, en deux parts égales, les frères germains concourent avec les frères consanguins dans la moitié revenant à la branche paternelle, et avec les frères utérins dans la moitié revenant à la branche maternelle.

A qui revient la succession du défunt qui ne laisse ni

descendants, ni ascendants, ni frères, sœurs ou descendants d'eux?

La succession du défunt qui ne laisse ni descendants, ni ascendants, ni frères, sœurs ou descendants d'eux, revient pour moitié aux plus proches collatéraux de la ligne paternelle, admis à succéder jusqu'au douzième degré de parenté, et, pour l'autre moitié, aux plus proches collatéraux de la ligne maternelle.

N'y a-t-il pas des cas où le parent d'une seule ligne recueille toute la succession?

Oui, le parent d'une seule ligne recueille toute la succession dans les deux cas suivants : 1° si le défunt laisse un frère consanguin ou utérin, celui-ci exclut tous les collatéraux de l'autre ligne et recueille ainsi la succession entière; 2° le plus proche parent dans une ligne recueille toute la succession, s'il n'existe pas dans l'autre ligne de parent au degré successible, c'est-à-dire au douzième degré.

§ 5. — Des successions déférées aux enfants naturels, au conjoint survivant et à l'État.

Les enfants naturels légalement reconnus jouissent-ils de droits héréditaires?

Oui, les enfants naturels reconnus jouissent de droits héréditaires, mais ces droits sont très-faibles.

Quels sont les droits des enfants adultérins ou incestueux dans la succession de leurs père et mère?

Les droits des enfants incestueux ou adultérins dans la succession de leurs père et mère sont limités à ce qui est nécessaire à leurs aliments.

A qui les enfants naturels simples peuvent-ils succéder?

Les enfants naturels simples ne peuvent succéder qu'au père et à la mère qui les ont reconnus.

Quels sont les droits de l'enfant naturel simple dans la succession de son père ou de sa mère?

Les droits de l'enfant naturel simple dans la succession de son père ou de sa mère varient selon la qualité des héritiers du défunt avec lesquels il concourt. 1° S'il concourt avec des enfants légitimes, il prend le tiers de ce qu'il aurait s'il était lui-même enfant légitime; 2° s'il concourt avec des ascendants ou avec des frères, sœurs ou descendants d'eux, il prend la moitié de la succession; 3° s'il concourt avec des collatéraux ordinaires, il prend les trois quarts de la succession; 4° enfin, s'il n'y a pas de parents au degré successible, il prend la succession entière.

Les père et mère peuvent-ils assigner à leurs enfants naturels reconnus des droits plus grands ou moindres que ceux qui sont fixés par la loi.

Les père et mère ne peuvent pas accorder à leurs enfants naturels plus que la loi ne leur donne; il ne leur est pas permis de franchir la limite fixée. Mais ils peuvent restreindre les mêmes droits de moitié.

A qui revient la succession de l'enfant naturel qui meurt sans enfants?

La succession de l'enfant naturel qui meurt sans enfants revient à ses père et mère qui l'ont reconnu, ou, à défaut, à ses frères naturels.

A qui appartient la succession du défunt qui ne laisse ni parent légitime au degré successible ni parent naturel?

La succession du défunt qui ne laisse ni parent légitime, ni parent naturel, appartient au conjoint survivant, ou, à défaut, à l'État. Le conjoint survivant et l'État sont, comme l'enfant naturel, des héritiers irréguliers, et ils ont besoin, comme lui, de se faire envoyer en possession des biens du défunt par le tribunal.

§ 4. — De l'acceptation et de la répudiation des successions.

Quels sont les divers partis que peut prendre l'héritier?

4

L'héritier peut choisir entre ces trois partis : accepter la succession purement et simplement; renoncer à la succession, ou l'accepter sous bénéfice d'inventaire.

I. ACCEPTATION PURE ET SIMPLE. — *Qu'est-ce que l'acceptation pure et simple d'une succession?*

L'acceptation pure et simple d'une succession est l'acte par lequel l'héritier manifeste sa volonté de continuer la personne du défunt, et d'acquérir par là tous ses droits actifs et passifs.

La femme mariée peut-elle accepter la succession qui lui est échue?

Oui, la femme mariée peut accepter une succession, pourvu qu'elle soit autorisée de son mari ou de justice.

Par qui est acceptée la succession échue au mineur ou à l'interdit ?

La succession échue au mineur ou à l'interdit est acceptée par son tuteur, autorisé à cet effet par le conseil de famille; mais l'acceptation n'a jamais lieu que sous bénéfice d'inventaire.

Comment l'héritier accepte-t-il purement et simplement la succession?

L'héritier accepte purement et simplement la succession d'une manière expresse ou d'une manière tacite : l'acceptation est *expresse* quand celui qui est appelé par la loi à la succession prend la qualité d'héritier dans un écrit public ou privé; elle est *tacite* quand il fait un acte manifestant sa volonté d'accepter, par exemple, quand il vend à l'amiable des biens de la succession; mais les actes de simple administration ne font pas supposer l'acceptation de l'hérédité.

Si l'héritier meurt sans avoir pris parti relativement à la succession qui lui est échue, transmet-il son droit à ses héritiers?

Oui, dès que la succession est ouverte au profit d'une

personne, celle-ci a un droit acquis qui est transmissible ; ses héritiers peuvent donc accepter la succession échue à leur auteur, ou y renoncer.

L'héritier peut-il revenir sur son acceptation de l'hérédité ?

Non, l'acceptation de l'héritier le rend irrévocablement le continuateur de la personne du défunt. Il pourrait cependant faire prononcer la nullité de son acceptation si elle avait eu lieu par suite de dol ou de violence pratiqués envers lui.

II. RENONCIATION. — *Qu'est-ce que la renonciation à une succession ?*

La renonciation à une succession est l'acte par lequel l'héritier répudie l'hérédité, pour n'être pas tenu des dettes lourdes qui la grèvent.

Comment l'héritier renonce-t-il à la succession qui lui est échue.

L'héritier renonce à la succession en déclarant expressément au greffe du tribunal du domicile du défunt sa volonté de répudier. Sa déclaration, qui est faite avec l'assistance d'un avoué, est inscrite sur un registre spécial tenu au greffe.

Que devient la part de l'héritier renonçant ?

La part de l'héritier renonçant accroît à ses cohéritiers de la même branche ; s'il n'y a en pas, elle est dévolue aux parents des degrés suivants.

Dans quel délai l'héritier peut-il renoncer ?

L'héritier peut renoncer dans les trente ans qui suivent l'époque de l'ouverture de la succession.

L'héritier qui a renoncé peut-il revenir contre sa renonciation, et accepter la succession purement et simplement, ou sous bénéfice d'inventaire ?

Oui, l'héritier peut revenir contre sa renonciation, pourvu cependant que la succession n'ait pas été acceptée par ses cohéritiers ou par des parents des degrés suivants, et que le delai de trente ans depuis l'ouverture de la succession ne soit pas encore écoulé.

Quelles conséquences produit l'acte par lequel l'héritier dérobe ou recèle des biens meubles, immeubles, droits ou créances de la succession?

L'acte par lequel l'héritier dérobe ou recèle des biens de la succession produit deux notables conséquences : 1° l'héritier se trouve par là déchu de la faculté de renoncer et devient héritier pur et simple ; 2° cet héritier est privé de sa part dans les effets dérobés ou recélés, qui deviennent la propriété exclusive des autres cohéritiers.

III. ACCEPTATION SOUS BÉNÉFICE D'INVENTAIRE. — *Qu'est-ce que l'acceptation sous bénéfice d'inventaire?*

L'acceptation sous bénéfice d'inventaire est l'acte par lequel l'héritier sépare de son patrimoine le patrimoine du défunt, dans le but de n'être pas exposé à payer des dettes surpassant la valeur des biens de la succession, et de garder cependant le bénéfice, c'est-à-dire les valeurs héréditaires qui pourraient excéder le montant des dettes.

Comment se fait l'acceptation bénéficiaire?

De même que la renonciation, l'acceptation bénéficiaire se fait expressément par l'héritier au greffe du tribunal de première instance du domicile du défunt, et elle est inscrite sur un registre spécialement destiné aux renonciations et aux acceptations bénéficiaires.

L'acceptation bénéficiaire n'est-elle pas soumise à une formalité particulière?

Oui, il faut que l'héritier qui accepte sous bénéfice d'inventaire fasse procéder par un notaire à l'inventaire fidèle et exact des biens de la succession. Cet inventaire, qui éclaire l'héritier sur le parti qu'il doit prendre, précède ordinairement sa déclaration au greffe du tribunal.

Dans quel délai l'héritier doit-il faire inventaire?

L'héritier doit faire inventaire dans les trois mois de l'ouverture de la succession.

L'héritier n'a-t-il pas un délai pour délibérer sur le parti qu'il prendra?

Oui, l'héritier a pour délibérer le délai de quarante jours à partir du jour où l'inventaire est fait, ou, si l'inventaire n'a pas été fait, à partir de l'expiration des trois mois accordés pour sa confection.

Après l'expiration du double délai de trois mois et de quarante jours, l'héritier peut-il encore faire inventaire et accepter bénéficiairement?

Oui, après l'expiration des délais pour faire inventaire et délibérer, l'héritier peut encore faire inventaire et accepter bénéficiairement, mais il n'est plus dans une position aussi favorable à l'égard des créanciers du défunt qui dirigent des poursuites contre lui.

Les créanciers du défunt peuvent-ils poursuivre l'héritier pendant les délais qui lui sont accordés pour faire inventaire et délibérer?

Oui, les créanciers peuvent poursuivre l'héritier pendant les délais pour faire inventaire et délibérer; ils peuvent avoir intérêt à intenter promptement des poursuites judiciaires, car ils fon par là courir les intérêts de leurs créances et interrompent les prescriptions.

Si l'héritier poursuivi par les créanciers héréditaires renonce à la succession dans les délais qui lui sont accordés par la loi et qui sont quelquefois augmentés par le tribunal, par qui sont supportés les frais de poursuites?

Les frais des poursuites intentées contre l'héritier pendant les délais qui lui sont accordés sont, lorsqu'il renonce, mis à la charge de la succession.

Les frais de poursuites sont-ils aussi à la charge de la

succession, quand l'héritier ne renonce qu'après l'expiration des délais pour faire inventaire et délibérer?

Non, l'héritier qui ne renonce à la succession qu'après l'expiration des délais pour faire inventaire et délibérer, supporte personnellement les frais de poursuites qui ont précédé sa renonciation.

De quelles obligations est tenu l'héritier bénéficiaire?

L'héritier bénéficiaire est tenu de gérer la succession et de faire vendre les biens qui la composent pour payer les dettes héréditaires.

Comment l'héritier bénéficiaire fait-il vendre les biens de la succession?

L'héritier bénéficiaire demande au tribunal l'autorisation de procéder à la vente, qui se fait ensuite par le ministère d'un officier public, aux enchères, après publications et affiches.

Si l'héritier bénéficiaire vend des biens héréditaires sans remplir les formalités qui lui sont imposées, la vente est-elle nulle?

Non, l'héritier bénéficiaire qui dispose des biens héréditaires sans remplir les formalités qui lui sont imposées ne fait pas des actes nuls; mais il est par là déchu du bénéfice d'inventaire, et il devient héritier pur et simple.

Comment l'héritier bénéficiaire paye-t-il les créanciers et les légataires?

L'héritier bénéficiaire paye, avec les sommes laissées par le défunt et avec le prix des biens vendus, les créanciers et les légataires au fur et à mesure qu'ils se présentent.

Le créancier qui se présente quand il ne reste plus de sommes à distribuer, a-t-il quelque recours?

Le créancier qui se présente tardivement n'a de recours ni contre l'héritier bénéficiaire ni contre les créanciers, même entièrement payés; mais il peut agir pendant trois ans contre les légataires qui ne doivent pas, à son détriment, s'enrichir des libéralités faites par un défunt insolvable.

Si l'héritier bénéficiaire était débiteur du défunt, est-il tenu de payer sa dette?

Oui, l'héritier bénéficiaire est tenu de payer sa dette à la succession, car il se trouve dans la même position que tout autre débiteur héréditaire; réciproquement, s'il était créancier du défunt, il a droit aussi à son payement.

L'héritier bénéficiaire est-il comptable de sa gestion?

Oui, l'héritier bénéficiaire est comptable de sa gestion, car l'obligation de rendre compte est imposée à tout administrateur de la chose d'autrui; mais, comme il ne reçoit pas de salaire, il n'est tenu que de ses fautes graves. S'il refusait de rendre compte aux créanciers et légataires, il perdrait la qualité d'héritier bénéficiaire et deviendrait héritier pur et simple.

L'héritier bénéficiaire peut-il abandonner l'administration des biens de la succession?

Oui, l'héritier bénéficiaire peut abandonner l'administration, en avertissant les créanciers, afin qu'ils fassent nommer par le tribunal un autre administrateur. Par cet abandon de la gestion, il ne cesse pas d'être héritier : il conserve le bénéfice qui pourrait exister après le payement des créanciers et légataires.

IV. SUCCESSION VACANTE. — *Quand une succession est-elle vacante?*

Une succession est vacante lorsque, après l'expiration des délais pour faire inventaire et délibérer, il n'existe pas d'héritier connu qui soit saisi, ou lorsque l'héritier saisi a renoncé et que la succession n'est pas acceptée par des parents des degrés suivants.

Comment les créanciers d'une succession vacante peuvent-ils parvenir à l'exécution de leurs droits?

Les créanciers d'une succession vacante peuvent parvenir à l'exécution de leurs droits en faisant nommer par le tribunal un curateur à la succession vacante.

Quelles sont les obligations du curateur à la succession vacante?

Les obligations du curateur à la succession vacante sont de représenter la succession dans toutes les actions actives ou passives, de gérer les biens héréditaires, de les faire vendre pour payer les créanciers, et de rendre compte de sa gestion.

Le curateur à la succession vacante est-il salarié?

Oui, le curateur à la succession vacante est salarié; c'est pourquoi il répond de ses fautes légères.

Le curateur à la succession vacante paye-t-il lui-même les créanciers héréditaires?

Non, le curateur à la succession vacante ne fait aucun payement; il doit verser les sommes qu'il reçoit à la Caisse des dépôts et consignations, et c'est le tribunal qui règle l'ordre des payements entre les créanciers.

§ 5. — Du partage, du rapport et du payement des dettes.

I. PARTAGE. — *Qu'est-ce que le partage?*

Le partage est un acte qui a pour objet de faire cesser l'indivision entre les cohéritiers.

Quelles choses sont dans l'indivision?

Les choses qui sont dans l'indivision sont les choses corporelles, comme un fonds de terre, une maison, un cheval.

Quelles choses ne sont pas dans l'indivision?

Les choses qui ne sont pas dans l'indivision sont les créances et les dettes de la succession : elles se divisent de plein droit entre les héritiers, dans la proportion de leurs parts héréditaires.

Chaque héritier peut-il toujours provoquer le partage de la succession?

Oui, chaque héritier peut toujours provoquer le partage de la succession. La loi veut que personne ne soit contraint à rester dans l'indivision, parce qu'une pareille contrainte deviendrait souvent le germe de discordes.

Les héritiers peuvent-ils convenir de rester dans l'indivision?

Oui, les héritiers peuvent convenir qu'ils resteront dans l'indivision; mais une pareille convention n'est valable que pendant cinq ans.

Peut-on vendre ses droits dans une succession?

La loi frappe de nullité toute vente ou autre convention ayant pour objet une succession non encore ouverte. Mais elle ne défend point à un héritier de vendre sa part d'une succession qui lui est échue; toutefois, quand une pareille vente est faite à un individu qui n'a pas le droit de figurer au partage en son nom, les autres cohéritiers peuvent écarter cet étranger en exerçant le retrait successoral, qui consiste à rembourser à l'acheteur le prix et les frais qu'il a déboursés.

Combien y a-t-il de sortes de partage?

Il y a deux sortes de partage : le partage amiable et le partage judiciaire.

Qu'est-ce que le partage amiable?

Le partage amiable est celui qui se fait volontairement entre les héritiers majeurs, présents et capables.

Le partage amiable est-il soumis à des formes nécessaires?

Non, le partage amiable existe par la simple convention des parties; un écrit sous seing privé suffit pour en prouver l'existence.

Qu'est-ce que le partage judiciaire?

Le partage judiciaire est celui qui se fait devant le tribunal de première instance.

Quand y a-t-il lieu au partage judiciaire?

Il y a lieu au partage judiciaire lorsque l'un des héritiers refuse de consentir au partage amiable, ou qu'il existe parmi les héritiers un mineur, un interdit ou un non-présent.

Quelles formalités précèdent ordinairement le partage judiciaire?

Les formalités qui précèdent le partage judiciaire sont l'apposition des scellés et l'inventaire.

Par qui les scellés sont-ils mis?

Les scellés sont mis par le juge de paix, assisté de son greffier.

Quand y a-t-il lieu à la mise des scellés?

Il y a lieu à la mise des scellés lorsqu'il existe parmi les héritiers un mineur, un interdit ou un non-présent, ou lorsque l'un des héritiers ou des créanciers le requiert.

Dans quel but met-on les scellés?

On met les scellés pour empêcher la soustraction des valeurs héréditaires.

Comment le juge de paix met-il les scellés?

Le juge de paix met les scellés en plaçant, au domicile du défunt, sur les portes, les fenêtres, les armoires et les caisses, des bandes de papier fixées aux deux extrémités par un sceau particulier.

Quelle peine encourt celui qui brise volontairement les scellés?

Celui qui brise volontairement les scellés encourt la peine de l'emprisonnement; mais la peine serait plus grave en cas de vol.

Qu'est-ce que l'inventaire?

L'inventaire est l'état descriptif des meubles de la succession, avec leur estimation à juste prix.

Par qui est fait l'inventaire?

L'inventaire est fait par un notaire, en présence tant du juge de paix, qui lève les scellés, que des parties intéressées.

Où est portée la demande en partage judiciaire?

La demande en partage judiciaire est portée devant le tribunal de première instance du domicile du défunt.

Toutes les opérations du partage judiciaire ont-elles lieu directement devant le tribunal?

Non, le jugement qui ordonne le partage nomme des experts pour estimer les immeubles, un notaire pour faire les comptes entre les héritiers et dresser l'acte de partage, et un juge-commissaire pour surveiller et accélérer les opérations.

Chaque héritier peut-il exiger sa part en nature des meubles et des immeubles de la succession?

Oui, chaque héritier peut exiger sa part en nature des biens de la succession. Toutefois, les meubles saisis doivent être vendus pour payer les créanciers saisissants, et les immeubles qui ne peuvent pas entrer dans la composition des lots doivent être vendus aux enchères publiques.

En combien de lots sont divisés les biens de la succession?

Les biens de la succession sont divisés en autant de lots égaux qu'il y a d'héritiers ou de souches.

Suffit-il qu'il y ait dans les lots une égalité en valeurs?

Non; il faut qu'il y ait dans les lots non-seulement une égalité en valeurs, mais encore une égalité en nature: chaque lot doit donc avoir autant de meubles, d'immeubles et de droits de même nature; mais il faut cependant éviter la division des exploitations et le morcellement des héritages.

Comment se fait le tirage des lots?

Le tirage des lots se fait au sort, en présence des héritiers et du notaire qui constate ensuite par écrit les résultats obtenus.

Le partage judiciaire a-t-il la même force à l'égard des mineurs, des interdits et des absents qu'à l'égard des héritiers capables?

Oui, le partage judiciaire produit à l'égard des incapables des effets aussi fermes qu'à l'égard des capables, lorsque toutes les formalités requises ont été observées.

Le partage judiciaire entraîne-t-il bien des frais?

Oui, le partage judiciaire entraîne bien des frais, qui absorbent souvent la valeur des petites successions.

Quel moyen peut-on employer pour empêcher les frais du partage judiciaire?

Pour empêcher les frais du partage judiciaire, les héritiers capables et les représentants des incapables peuvent faire un partage provisionnel, qui n'est valable que pour la jouissance; le partage définitif pourra être fait à l'amiable quand les mineurs auront atteint leur majorité.

Le partage définitif, c'est-à-dire faisant cesser l'indivision entre les héritiers, est-il translatif de la propriété?

Non, le partage n'est pas translatif, mais déclaratif de la propriété : chaque héritier est censé avoir succédé seul et immédiatement à tous les effets compris dans son lot, ou à lui échus sur licitation, et n'avoir jamais eu aucun droit sur les effets compris dans les lots de ses cohéritiers.

Pourquoi la loi introduit-elle la fiction que le partage est déclaratif de la propriété?

La loi introduit la fiction que le partage est déclaratif de la propriété, pour mettre chaque héritier à l'abri des actions hypothécaires ou en revendication qui pourraient résulter d'actes consentis par ses cohéritiers depuis l'ouverture de la succession jusqu'au partage. Par suite de cette fiction, si un héritier hypothèque ou vend un bien de la succession qui ne tombe pas ensuite dans son lot, il a fait par là un acte relatif à une chose sur laquelle il n'a jamais eu aucun droit et, par conséquent, un acte absolument nul.

Le principe que le partage est déclaratif de la propriété a-t-il pour effet d'affranchir les cohéritiers de l'obligation de garantie?

Non, les cohéritiers restent garants, les uns envers les autres, des troubles et évictions qui procèdent d'une cause antérieure au partage, comme s'ils s'étaient réciproquement transmis à titre d'échange les biens compris dans leurs lots.

Le partage amiable ou judiciaire peut-il être quelquefois rescindé, c'est-à-dire annulé?

Oui, tout partage peut être rescindé pour cause de violence ou de dol, ou lorsque l'un des héritiers est lésé de plus du quart de sa part héréditaire.

Si l'un des héritiers vend à son cohéritier ses droits successifs, peut-il demander la nullité de la vente quand il est lésé de plus du quart?

Non, l'héritier lésé de plus du quart dans la vente qu'il a faite de ses droits successifs à son cohéritier, ne peut pas en demander la nullité, car cette vente, qui comprend les créances et les dettes, n'est pas un partage, mais un contrat très-distinct et aléatoire.

II. Rapport. — *Qu'est-ce que ie rapport?*

Le rapport est l'acte par lequel un héritier, même bénéficiaire, remet à la succession les libéralités qu'il a reçues du défunt par actes entre-vifs ou testamentaires.

Sur quoi repose l'obligation du rapport?

L'obligation du rapport repose sur le principe de l'égalité entre les cohéritiers.

L'héritier est-il tenu de rapporter toutes les libéralités qu'il a reçues du défunt?

Non, l'héritier ne rapporte pas à la succession toutes les libéralités qu'il a reçues du défunt. Il doit, à la vérité, rapporter ce qu'il a reçu pour un établissement par mariage ou autrement, pour le payement de ses dettes, et même pour l'exonération du service militaire, à moins que cette exonération n'ait eu lieu pour le conserver à la famille comme un membre utile et un bon travailleur. Mais il n'est pas tenu de rapporter les frais de nourriture, d'éducation, d'entretien, d'apprentissage, de noces et les présents d'usage.

L'héritier peut-il s'affranchir de l'obligation du rapport?

Oui, l'obligation du rapport n'est imposée qu'à l'héritier acceptant; l'héritier peut donc s'affranchir de cette obligation en renonçant à la succession.

Le donateur ou le testateur peut-il dispenser son héritier du rapport?

Oui, le donateur ou le testateur peut dispenser son héritier du rapport, en manifestant à cet égard sa volonté d'une manière expresse ou tacite.

Dans quels cas la dispense de rapport est-elle expresse?

La dispense de rapport est expresse quand l'auteur de la libéralité dit qu'il donne ou qu'il lègue, *avec dispense de rapport*, ou *hors part*, ou *par préciput*, ou bien quand il emploie d'autres expressions équivalentes.

Dans quels cas la dispense de rapport est-elle tacite?

La dispense de rapport est tacite quand le donateur ou le testateur fait la libéralité au fils ou au conjoint de son héritier, ou quand le donateur, qui n'a d'ailleurs aucune intention de frauder des héritiers réservataires, fait à l'un de ses héritiers une libéralité sous la forme d'une vente portant que le prix a été payé comptant.

De combien de manières peut se faire le rapport?

Le rapport peut se faire en nature ou en moins prenant.

Comment l'héritier fait-il le rapport en nature?

L'héritier fait le rapport en nature s'il remet à la succession les choses elles-mêmes qu'il a reçues du défunt.

Comment l'héritier fait-il le rapport en moins prenant?

Dans le rapport en moins prenant, l'héritier garde les objets reçus ; mais, pour rétablir l'égalité des parts, il laisse prélever à chacun de ses cohéritiers une valeur égale à celle qu'il retient.

Quand le rapport se fait-il en nature?

Le rapport se fait en nature lorsque les choses données sont des immeubles non aliénés par le donataire : ces immeubles rentrent dans la succession entièrement libres des hypothèques, servitudes et autres charges constituées par le donataire.

Quand le rapport se fait-il en moins prenant?

Le rapport se fait en moins prenant lorsqu'il s'agit d'immeubles aliénés par le donataire, ou lorsque les choses rapportables consistent en meubles ou en argent.

III. PAYEMENT DES DETTES DE LA SUCCESSION. — *Pour quelle part chaque héritier peut-il être poursuivi en payement des dettes de la succession?*

Comme les choses incorporelles se divisent de plein droit, chaque héritier peut être poursuivi en payement des dettes de la succession proportionnellement à sa part héréditaire. De là, celui qui est héritier pour un quart, peut être actionné par chaque créancier en payement du quart de la dette ; et, de son côté, l'héritier peut réclamer le quart de la créance à chaque débiteur héréditaire.

Le principe que les dettes se divisent de plein droit entre les héritiers, n'a-t-il pas une remarquable conséquence?

Oui, le principe que les dettes se divisent de plein

droit a pour conséquence de faire supporter l'insolvabilité de l'un des héritiers, non pas par les autres héritiers, mais par le créancier.

Les héritiers peuvent-ils valablement convenir que l'un d'eux payera entièrement une certaine dette de la succession?

Oui, la convention portant que l'un des héritiers payera entièrement une certaine dette de la succession est valable entre les héritiers; mais elle ne nuit point au créancier qui peut néanmoins poursuivre chacun des héritiers pour sa part héréditaire.

Le créancier ne peut-il pas quelquefois poursuivre l'un des héritiers en payement de toute la dette de la succession?

Oui, le créancier qui a une hypothèque sur un immeuble de la succession, peut poursuivre en payement de toute la dette l'héritier qui est détenteur de l'immeuble hypothéqué.

Si un immeuble héréditaire est hypothéqué pour sûreté d'une rente, l'héritier dans le lot duquel tombera cet immeuble ne sera-t-il pas exposé à de graves inconvénients qu'il importe d'éviter?

Oui, l'héritier dans le lot duquel tombera l'immeuble hypothéqué pour sûreté d'une rente sera exposé au grave inconvénient d'être poursuivi, à chaque terme, en payement de tous les arrérages échus, et d'exercer, contre ses cohéritiers ou leurs successeurs, une infinité de recours en garantie. Pour remédier à de pareils inconvénients, les héritiers peuvent, avant le partage de la succession, racheter la rente, et éteindre par là l'hypothèque. Si la rente n'est pas actuellement rachetable, les héritiers déduisent du prix de l'immeuble hypothéqué la valeur de la rente, et conviennent que celui d'entre eux dans le lot duquel l'immeuble tombera devra seul payer tous les arrérages de la rente.

TITRE II. — Des donations entre-vifs et des testaments.

§ 1ᵉʳ. — Dispositions préliminaires.

Combien y a-t-il de manières de disposer de ses biens à titre gratuit?

Il y a deux manières de disposer de ses biens à titre gratuit : la donation entre-vifs et le testament.

Qu'est-ce que la donation entre-vifs?

La donation entre-vifs est l'acte par lequel le donateur se dépouille actuellement et irrévocablement de la chose donnée. au profit du donataire qui l'accepte.

Celui qui s'engage à donner une somme ou toute autre chose de quantité, se dépouille-t-il actuellement?

Oui, celui qui s'engage à donner une somme se dépouille actuellement, parce qu'il devient aussitôt débiteur de la somme promise.

Celui qui donne à terme ou sous condition, se dépouille-t-il actuellement et irrévocablement?

Oui, celui qui donne à terme ou sous condition se dépouille actuellement et irrévocablement; mais il ne peut être contraint à l'exécution qu'à l'échéance du terme ou à l'événement de la condition.

Qu'est-ce que le testament?

Le testament est l'acte par lequel le testateur dispose, pour le temps où il n'existera plus, de tout ou partie de ses biens, et qu'il peut révoquer.

A quelle époque naît le droit du légataire à la chose léguée?

Le droit du légataire à la chose léguée naît au décès du testateur.

I. SUBSTITUTIONS. — *Qu'est-ce que la substitution?*

La substitution est une donation entre-vifs ou testamentaire, faite sous la condition que le donataire conservera les biens donnés pour les rendre, ordinairement lors de son décès, à d'autres personnes.

Comment désigne-t-on le donataire chargé de rendre les biens donnés, et ceux auxquels ces biens doivent être restitués?

On désigne le donataire chargé de rendre les biens donnés sous le nom de *grevé;* tandis que l'on nomme *appelés* ceux auxquels la restitution des biens doit être faite.

Les substitutions sont-elles permises?

Non, les substitutions sont généralement prohibées. Elles étaient autrefois permises; mais elles avaient le double inconvénient de rompre le principe de l'égalité entre les membres de la famille, et d'enlever à la libre circulation une masse de biens; c'est pourquoi le Code Napoléon les déclare nulles, tant à l'égard du grevé qu'à l'égard des appelés.

La règle que les substitutions sont prohibées souffre-t-elle des exceptions?

Oui, la règle que les substitutions sont prohibées souffre les deux exceptions suivantes : 1° le père ou la mère peut donner les biens dont il a la faculté de disposer à l'un de ses enfants, en le chargeant de les restituer à tous ses enfants nés et à naître; 2° celui qui n'a pas d'enfants peut donner ses biens à son frère ou à sa sœur, en le chargeant de les restituer à tous ses enfants nés et à naître.

Dans les substitutions permises, le grevé n'a-t-il pas plusieurs obligations à remplir?

Oui, le grevé de substitution est tenu de cinq obligations. Il doit : 1° faire nommer dans le mois, sous peine d'être déchu de son droit, un tuteur à la substitution; 2° faire inventaire dans les trois mois; 3° vendre les meubles; 4° faire emploi des sommes en immeubles; 5° enfin, révéler par la transcription au bureau des hypothèques la charge de restituer les immeubles.

II. CONDITIONS IMPOSSIBLES. — *La donation entre-vifs ou testamentaire dans laquelle est insérée une condition impossible, contraire aux lois ou aux mœurs, est-elle néanmoins valable?*

Oui, la donation est valable, car la condition impossible, contraire aux lois ou aux bonnes mœurs, est considérée comme non écrite. Il est probable, en effet, que le donateur ne subordonnait pas l'existence de sa libéralité à la validité de la condition. Mais si une pareille condition était insérée dans un contrat à titre onéreux, la condition serait non-seulement nulle, mais encore elle rendrait nulle toute la convention.

III. CAPACITÉ DE DISPOSER ET DE RECEVOIR. — *Toutes personnes peuvent-elles disposer et recevoir par donations entre-vifs et par testament?*

Oui, toutes personnes, même les étrangers, peuvent disposer et recevoir par donations entre-vifs et par testament.

La règle que toutes personnes peuvent disposer ou recevoir à titre gratuit, reçoit-elle des exceptions?

Oui, cette règle reçoit les exceptions suivantes : 1° l'interdit ne peut faire aucune libéralité; 2° la femme mariée, qui peut disposer librement de ses biens par testament, a besoin d'être autorisée de son mari ou de justice pour faire ou accepter des donations entre-vifs; 3° le mineur ne peut jamais faire de donations entre-vifs que par contrat de mariage; mais, quand il a plus de seize ans, il dispose valablement par testament de la moitié des biens dont il pourrait disposer s'il était majeur, il ne peut cependant rien laisser à son tuteur non ascendant; 4° le ministre du culte, le médecin ou autre qui a traité une personne dans la maladie dont elle meurt, ne peuvent pas profiter des libéralités qui leur sont faites, même au moyen de personnes interposées, dans le cours de la maladie, à moins qu'il ne s'agisse de simples dons rémunératoires.

IV. QUOTITÉ DISPONIBLE, RÉDUCTION. — *Toute personne peut-elle disposer de l'universalité de ses biens à titre gratuit?*

Non, toute personne ne peut pas disposer de l'universalité de ses biens à titre gratuit; il existe une restriction à la faculté de disposer en faveur des descendants et en faveur des ascendants. Par suite de cette restriction, les biens d'une personne ayant des descendants ou des ascendants se divisent en deux parts, dont l'une constitue la *quotité disponible*, et l'autre la *quotité réservée*.

Quelle est la quotité disponible quand il existe des enfants?

La quotité disponible est de moitié, s'il n'y a qu'un enfant; du tiers, s'il y a deux enfants; du quart, s'il y a trois enfants ou un plus grand nombre. Les petits-fils ne comptent ensemble, dans la sucession de leur aïeul, que pour l'enfant qu'ils représentent.

Quelle est la quotité disponible, quand il existe seulement des ascendants?

La quotité disponible est de moitié s'il y a des ascendants dans les deux lignes paternelle et maternelle; elle est des trois quarts, s'il n'y a d'ascendants que dans l'une des lignes.

Celui qui ne laisse ni descendants ni ascendants peut-il disposer de tous ses biens à titre gratuit?

Oui, celui qui ne laisse ni descendants ni ascendants peut disposer de tous ses biens à titre gratuit, car la loi n'établit aucune réserve en faveur des parents collatéraux, même frères ou sœurs.

A quelle époque faut-il s'en référer pour savoir si une personne a excédé en libéralités la quotité disponible?

Pour savoir si une personne a excédé en libéralités

la quotité disponible, il faut s'en référer au décès de cette personne : c'est alors que l'on connaît, d'une part, la masse de ses biens, et, d'autre part, le nombre et la qualité de ses héritiers réservataires.

Quand un père vend à l'un de ses enfants une partie de ses biens en s'en réservant l'usufruit, ou moyennant une rente viagère, ne suppose-t-on pas que cette vente sert à déguiser une donation ?

Oui, la vente faite par un père à son fils avec réserve d'usufruit, ou moyennant une rente viagère, est considérée comme une donation. Une pareille donation est dispensée du rapport ; mais elle est réductible si elle entame la quotité réservée.

Le legs ou la donation d'une rente viagère ou d'un usufruit portant sur des biens dont la valeur dépasse la quotité disponible, reçoit-elle toujours sa pleine exécution ?

Non, comme il n'est pas possible de fixer exactement du vivant du légataire la valeur du legs d'usufruit ou de rente viagère, on laisse à l'héritier réservataire le choix d'exécuter la disposition, ou d'abandonner la quotité disponible.

Comment opère-t-on pour savoir si les libéralités dépassent la quotité disponible ?

Pour savoir si les libéralités dépassent la quotité disponible, on forme une masse de tous les biens donnés et laissés par le défunt ; on estime les biens à leur valeur au moment du décès ; on déduit les dettes du prix d'estimation ; puis on détermine, eu égard à la qualité et au nombre des héritiers réservataires, de quelle valeur le défunt a pu disposer à titre gratuit.

Lorsque la quotité disponible a été dépassée, comment se fait la réduction ?

Lorsque la quotité disponible a été dépassée, on réduit d'abord les legs, proportionnellement à la valeur de chacun d'eux. Si la réduction entière des legs ne suffit pas pour compléter la réserve, il y a lieu à réduire les donations, en commençant par la dernière et en remontant aux plus anciennes.

§ 2. — Des donations entre-vifs.

L'acte portant donation est-il assujetti à des formes?

Oui, pour la validité de l'acte portant donation, il faut que cet acte soit dressé en minute par un notaire, en présence de témoins ; il faut, en outre, que le donataire, ou son représentant, comme le tuteur d'un mineur, l'administrateur de l'hospice ou de la commune, accepte en termes exprès la libéralité, soit dans l'acte de donation, soit dans un acte fait postérieurement et rédigé aussi en minute par un notaire.

N'y a-t-il pas une sorte de donation affranchie de toute forme?

Oui, la donation manuelle, qui ne peut avoir pour objet que des meubles corporels ou des valeurs au porteur, est affranchie de toute forme ; elle est parfaite par la simple remise que le donateur fait de sa chose mobilière au donataire.

Pourquoi les actes portant donation sont-ils assujettis à des formes?

Les actes portant donation dépouillent actuellement et irrévocablement de valeurs souvent importantes le donateur qui ne reçoit aucun équivalent ; il faut au moins que, par l'accomplissement de certaines formes, de pareils actes apparaissent comme étant l'œuvre d'une volonté sérieuse et bien arrêtée.

A quelle époque la donation acceptée par acte séparé produit-elle son effet?

La donation produit son effet à l'époque où l'acceptation par acte séparé est notifiée au donateur.

N'y a-t-il pas des règles distinctes pour les donations de meubles et pour celles d'immeubles?

Oui, la donation de meubles n'est valable que si les meubles sont estimés, soit dans l'acte de donation, soit dans un écrit signé du donateur et du donataire et annexé à l'acte de donation. Tandis que la donation d'immeubles est valable entre le donateur et le donataire sans qu'il y ait d'estimation ; mais elle ne produit d'effet à l'égard des tiers que du jour où l'acte de donation a été transcrit au bureau des hypothèques de la situation des immeubles.

La donation peut-elle comprendre des biens à venir ?

Non, la donation ne peut pas comprendre des biens à venir, car, à l'égard de ces biens, le dépouillement actuel est impossible.

Le donateur peut-il stipuler qu'il disposera des biens compris dans la donation, ou que les dettes qu'il fera seront payées par le donataire ?

Non, une pareille stipulation rend nulle la donation. S'il dépendait du donateur d'anéantir sa libéralité, la donation n'aurait plus le caractère d'irrévocabilité, qui lui est essentiel.

Le donateur peut-il convenir que les biens qui sont l'objet de sa libéralité lui reviendront en cas de prédécès du donataire ou de ses enfants ?

Oui, le donateur peut valablement stipuler que les biens donnés lui reviendront en cas de prédécès du donataire ou de ses enfants, car l'événement d'une pareille condition résolutoire ne dépend en rien de sa volonté.

Existe-t-il des exceptions à la règle de l'irrévocabilité des donations ?

Oui, les donations sont révocables pour inexécution des charges, pour ingratitude du donataire et pour survenance d'enfants au donateur.

Si le donataire n'exécute pas les charges qui lui ont été imposées, la donation est-elle révoquée de plein droit ?

Non, en cas d'inexécution des charges, la révocation de la donation doit être demandée en justice; si elle est prononcée, les biens reviennent au donateur libres de toutes les charges constituées par le donataire.

Dans quels cas le donataire est-il ingrat?

Le donataire est ingrat : 1° s'il a commis un attentat à la vie du donateur; 2° s'il a porté une atteinte grave aux biens, au corps ou à l'honneur du donateur; 3° enfin, s'il a refusé les aliments nécessaires au donateur dans le besoin.

L'ingratitude du donataire révoque-t-elle de plein droit la donation?

Non, l'ingratitude du donataire ne révoque pas de plein droit la donation; il faut què le donateur ou ses héritiers intentent, dans l'année du délit, une demande judiciaire en révocation contre le donataire ingrat. Une pareille demande tendant à l'application d'une sorte de peine, elle ne pourrait ni commencer ni même être continuée contre les héritiers du donataire.

La révocation de la donation pour cause d'ingratitude fait-elle évanouir les droits que le donataire a constitués, avant la demande en révocation, sur l'immeuble donné?

Non, les droits que le donataire a constitués sur l'immeuble avant la demande en révocation sont respectés, parce que les tiers ne pouvaient pas supposer que le donataire avec lequel ils ont traité se rendrait coupable d'ingratitude.

Toutes les donations sont-elles révocables pour cause d'ingratitude?

Non, les donations en faveur de mariage ne sont pas révocables pour cause d'ingratitude : comme elles sont faites pour aider le donataire à supporter les charges du mariage, elles ne sont pas de pures libéralités.

Dans quels cas la survenance d'enfants au donateur révoque-t-elle la donation?

La survenance d'enfants au donateur révoque la donation lorsqu'il n'avait pas d'enfants légitimes au moment de la donation. On suppose qu'il n'aurait pas fait de libéralités, même en faveur de mariage, s'il eût alors éprouvé les sentiments de la tendresse paternelle.

La survenance d'enfants révoque-t-elle de plein droit la donation?

Oui, par la survenance d'enfants les choses données reviennent au donateur, libres de toutes charges constituées par le donataire, sans qu'il soit besoin de former une demande judiciaire. La donation ainsi révoquée ne pourrait revivre ni par la mort des enfants, ni par la ratification du donateur.

§ 3. — Des dispositions testamentaires.

Plusieurs personnes peuvent-elles faire ensemble leur testament dans le même acte?

Non, plusieurs personnes ne peuvent pas faire ensemble leur testament dans le même acte; il faut que chacune d'elles fasse son testament par acte séparé, afin qu'elle puisse librement le révoquer.

Toute manifestation de dernière volonté qui contient des libéralités, constitue-t-elle un testament valable?

Non, la manifestation de dernière volonté est soumise à certaines formes sans l'accomplissement desquelles le testament et les dispositions qu'il contient seraient frappés de nullité.

I. FORMES DES TESTAMENTS. — *Combien y a-t-il de formes de testament?*

Il y a trois formes de testament, qui sont : la forme olographe, la forme publique et la forme mystique.

Qu'est-ce que le testament olographe?

Le testament olographe est celui qui est écrit entièrement de la main du testateur.

Comment fait-on son testament olographe?

Le testateur écrit entièrement de sa main ses dispositions de dernière volonté; il y met la date (en toutes lettres ou même en chiffres) des an, mois et jour, et ensuite il y appose sa signature.

A-t-on le droit de faire en tous pays son testament olographe?

Oui, le droit de faire un testament olographe est inhérent à la qualité de Français et peut être exercé aussi bien à l'étranger qu'en France.

Qu'est-ce que le testament public?

Le testament public est celui qui est dressé par un notaire en présence de quatre témoins, ou par deux notaires en présence de deux témoins.

Comment le testament public est-il fait?

Le testament public est fait ainsi : le testateur le dicte; le notaire l'écrit tel qu'il lui est dicté, en donne lecture au testateur en présence des témoins, et fait du tout mention expresse.

Par qui le testament public est-il signé?

Le testament public est signé par le testateur, par les témoins et par le notaire.

Que fait-on si le testateur déclare qu'il ne sait ou ne peut signer?

Si le testateur déclare qu'il ne sait ou ne peut signer, le notaire mentionne dans le testament la cause qui empêche le testateur de signer.

Que signifie le mot mystique?

Le mot mystique signifie caché, secret. Le notaire et les témoins qui interviennent dans le testament mystique ignorent les dispositions qu'il contient.

Comment se fait le testament mystique?

Le testament mystique se fait de la manière suivante : le testateur présente au notaire, en présence de six témoins, le papier clos et cacheté qui contient l'expression de sa dernière volonté, écrite ou au moins signée par lui, en déclarant que c'est son testament. Le notaire dresse sur l'enveloppe du testament l'acte de suscription, contenant la présentation et la déclaration faites par le testateur.

Par qui est signé l'acte de suscription du testament mystique?

L'acte de suscription du testament mystique est signé par le testateur, par les témoins et par le notaire.

Celui qui ne sait pas signer peut-il faire un testament mystique?

Oui, celui qui ne sait pas signer peut faire un testament mystique, pourvu qu'il sache lire, mais il faut alors appeler un septième témoin et exprimer dans l'acte de suscription la cause de sa présence.

Quelles personnes peuvent servir de témoins dans un testament authentique ou mystique?

Les personnes qui peuvent servir de témoins dans un testament sont les Français mâles, majeurs et ayant l'exercice de leurs droits civils.

N'y a-t-il pas des incapacités relatives d'être témoins dans un testament?

Oui, les clercs du notaire qui rédige le testament, les légataires et leurs parents et alliés jusqu'au quatrième degre ne peuvent pas être témoins, parce que leur témoignage serait suspect.

N'existe-t-il pas, pour certaines circonstances, des testaments publics dont les formes ont une simplicité particulière?

Oui, il y a des formes particulières de testament pour ceux qui voyagent sur mer, pour ceux qui sont dans un lieu avec lequel toute communication est interrompue et pour les militaires en service à l'étranger.

Le Français qui est en voyage à l'étranger peut-il y faire un testament public?

Oui, le Français peut faire à l'étranger un testament public en remplissant les formes usitées dans le pays où il se trouve.

II. Legs. — *Le testament contient-il de véritables institutions d'héritiers?*

Non, la loi seule fait les héritiers; le testateur ne fait que des légataires.

Combien y a-t-il de sortes de legs?

Il y a trois sortes de legs : le legs universel, le legs à titre universel, et le legs à titre particulier.

Qu'est-ce que le legs universel?

Le legs universel est celui qui donne à une personne ou même à plusieurs tous les biens disponibles du testateur.

Si le légataire universel concourt avec des héritiers réservataires, à qui appartient la saisine ou possession légale?

Lorsque des héritiers réservataires sont en concours avec un légataire universel, la saisine ou possession légale appartient entièrement aux héritiers réservataires; en conséquence, c'est contre eux que le légataire universel formera sa demande en délivrance du legs.

A partir de quelle époque le légataire universel qui concourt avec des héritiers réservataires a-t-il droit aux fruits de la quotité de biens qui lui revient?

Le légataire universel en concours avec des héritiers réservataires a droit aux fruits de la part qui lui revient du jour de sa demande en délivrance du legs; toutefois, il y aurait droit du jour de l'ouverture de la succession s'il formait sa demande en délivrance dans l'année du décès du testateur.

Le légataire universel contribue-t-il avec l'héritier réservataire au payement des dettes et des legs particuliers?

Le légataire universel contribue au payement des

dettes avec l'héritier réservataire ; mais, comme il a toute la quotité disponible, il supporte seul tous les legs.

Le légataire universel est-il tenu des dettes de la même manière que l'héritier ?

Non, le légataire universel n'est pas tenu des dettes de la même manière que l'héritier. Celui-ci, en acceptant purement et simplement la succession, est tenu du payement des dettes, alors même qu'elles excéderaient la valeur des biens qu'il recueille ; tandis que le légataire universel qui a fait constater par inventaire la valeur de la succession, n'est tenu de payer les dettes héréditaires et les legs que jusqu'à concurrence de son émolument.

Le légataire universel est-il saisi des biens de la succession quand il n'existe pas d'héritier réservataire ?

Quand il n'y a pas d'héritier réservataire, le légataire universel est saisi des biens de la succession s'il est institué par testament authentique. Mais il n'en est pas saisi s'il est institué par testament olographe ou mystique : il doit alors demander, par requête d'avoué, l'envoi en possession des biens au président du tribunal civil du domicile du défunt.

Quelles formalités remplit-on à l'égard du testament olographe ou mystique ?

Après la mort du testateur, le testament olographe ou mystique est présenté au président du tribunal ; le président l'ouvre, en dresse l'état et en ordonne le dépôt chez un notaire, afin que celui-ci puisse en délivrer des expéditions aux personnes intéressées.

Qu'est-ce que le legs à titre universel ?

Le legs à titre universel est celui qui donne au légataire une quotité des biens du testateur.

Le légataire à titre universel est-il tenu, comme le légataire universel, au payement des dettes et des legs particuliers ?

Oui, le légataire à titre universel est tenu, comme le

légataire universel, au payement des dettes et des legs dans la proportion de la quotité des biens qu'il recueille.

Qu'est-ce que le legs particulier?

Le legs particulier est celui qui donne au légataire une certaine somme ou des objets déterminés, comme une maison, un champ, une armoire.

Le légataire particulier contribue-t-il au payement des dettes de la succession?

Non, le légataire particulier ne contribue pas au payement des dettes de la succession, car il ne représente en aucune manière la personne du défunt.

Combien le légataire particulier peut-il avoir d'actions pour demander l'exécution de son legs?

Le légataire particulier peut avoir, pour demander l'exécution de son legs, trois actions, qui sont : l'action personnelle, l'action réelle et l'action hypothécaire.

Contre qui le légataire particulier agit-il par l'action personnelle?

Par l'action personnelle, le légataire agit contre les héritiers et contre les légataires universels et à titre universel, pour une part proportionnelle à la quotité de biens que chacun d'eux recueille dans la succession.

Contre qui le légataire particulier agit-il par l'action réelle ou en revendication?

Par l'action réelle ou en revendication, le légataire particulier agit contre le détenteur des objets certains et déterminés qui lui ont été légués.

Contre qui le légataire particulier agit-il par l'action hypothécaire?

Par l'action hypothécaire, le légataire particulier agit contre tout détenteur des immeubles héréditaires ; ces immeubles sont, en effet, grevés par la loi d'une hypothèque destinée à garantir le payement des legs particuliers.

A partir de quelle époque le légataire particulier a-t-il droit aux fruits des choses qui lui sont léguées?

Le légataire particulier a droit aux fruits des choses qui lui sont léguées du jour où il forme sa demande en délivrance du legs. Cependant il y a droit du jour de l'ouverture de la succession, si la chose léguée est une rente viagère ou une pension alimentaire.

En quel état la chose léguée doit-elle être délivrée au légataire particulier?

La chose léguée doit être délivrée, avec tous ses accessoires nécessaires, dans l'état où elle se trouve au décès du testateur.

Le legs de la chose d'autrui est-il valable?

Non, le legs de la chose d'autrui est nul, parce que la chose d'autrui est sacrée.

Celui qui lègue mille francs, dix mesures de blé, fait-il un legs nul s'il ne laisse pas d'argent, pas de blé?

Non, le legs de sommes ou de blé est valable, quand même le testateur n'aurait ni argent ni blé, car il y a là un legs de genre, qui diffère essentiellement du legs de la chose d'autrui.

A quelle époque s'ouvrent les diverses espèces de legs?

Les divers legs s'ouvrent au décès du testateur.

Celui qui meurt après l'ouverture du legs sans l'avoir encore accepté, transmet-il son droit à ses héritiers?

Oui, dès que le legs est ouvert, il est acquis au légataire; par suite, il est transmissible à ses héritiers.

III. EXÉCUTEUR TESTAMENTAIRE. — *Comment nomme-t-on celui que le testateur désigne pour veiller à l'exécution de ses dernières volontés?*

Celui que le testateur choisit pour veiller à l'exécution de ses dernières volontés reçoit le nom d'exécuteur testamentaire.

Dans quel cas le testateur désigne-t-il un exécuteur testamentaire?

Le testateur désigne un exécuteur testamentaire lorsqu'il craint, de la part de son héritier, de l'inexpérience, ou bien de la mauvaise volonté et des lenteurs dans l'exécution des legs.

Le testateur peut-il donner à son exécuteur testamentaire la saisine de son mobilier?

Oui, le testateur peut donner la saisine de son mobilier à l'exécuteur testamentaire ; mais cette saisine, qui n'empêche pas celle de l'héritier, ne peut jamais durer au delà de l'an et jour à compter du décès du testateur.

L'exécuteur testamentaire est-il tenu de remplir la mission qui lui est confiée?

Non, celui qui est choisi pour exécuteur testamentaire peut refuser la mission qui lui est donnée. Pour l'engager à l'acceptation, le testateur lui fait ordinairement un don appelé *diamant.*

Quelles sont les principales obligations de l'exécuteur testamentaire?

Les principales obligations de l'exécuteur testamentaire sont de faire inventaire, de faire vendre du mobilier pour avoir l'argent nécessaire à l'acquittement des legs, de veiller à ce que les dernières volontés du testateur soient exécutées, et de rendre compte de sa gestion aux héritiers.

IV. NULLITÉ ET RÉVOCATION DES LEGS. — *Comment divise-t-on les causes de nullité des legs?*

On divise les causes de nullité des legs en causes de *révocation*, qui émanent de la volonté du testateur, et en causes de *nullité*, qui dérivent de causes étrangères à la volonté du testateur.

Quelles sont les causes de révocation des legs?

Les causes de révocation des legs sont : 1° la confection d'un testament postérieur ; 2° l'aliénation des choses léguées; 3° la déclaration du testateur dans un acte notarié, fait en présence de deux témoins, qu'il révoque ses testaments antérieurs.

L'héritier peut-il quelquefois faire prononcer la révocation du legs?

Oui, l'héritier peut faire prononcer la révocation du legs si le légataire n'exécute pas les charges que le testateur lui a imposées ou se rend coupable d'ingratitude envers la mémoire du défunt.

La confection d'un testament postérieur révoque-t-elle toujours les testaments antérieurs en date?

Non, la confection d'un testament postérieur ne révoque pas toujours les legs faits antérieurement, car une personne peut laisser plusieurs testaments de dates différentes et également valables.

Que faut-il pour que le testament postérieur révoque les legs antérieurs?

Pour que le testament postérieur révoque les legs antérieurs, il faut que le testateur manifeste à cet égard son intention d'une manière expresse ou tacite.

Quand la révocation des legs est-elle expresse?

La révocation des legs est expresse si, dans son nouveau testament, le testateur s'exprime en ces termes : « Je révoque tous mes testaments antérieurs, » ou « le legs fait à N... »

Quand la révocation des legs est-elle tacite?

La révocation des legs est tacite si le nouveau testament contient des dispositions incompatibles avec celles qui sont contenues dans le testament précédent.

Lorsque deux testaments de dates différentes renferment des dispositions incompatibles, l'ancien testament se trouve-t-il entièrement révoqué?

Non, quand deux testaments de dates différentes renferment des dispositions incompatibles, il n'y a de révoqué, dans l'ancien testament, que les dispositions incompatibles avec celles du nouveau testament.

Les révocations contenues dans un nouveau testament sont-elles nulles si ce testament reste sans effet par l'incapacité du légataire de profiter de la disposition, ou par son refus d'acceptation?

Non, si le nouveau testament a été revêtu des formes requises, les révocations qu'il contient sont toujours valables.

Quelles sont les causes de caducité des legs?

Les causes de caducité des legs sont : 1° le décès du légataire pendant la vie du testateur ; 2° la perte de la chose léguée ; 3° le refus du légataire d'accepter le legs.

§ 4. — Des partages d'ascendants.

Est-il utile que le père, la mère, ou tout autre ascendant, fasse le partage de ses biens entre ses enfants et autres descendants?

Oui, en faisant le partage de ses biens, l'ascendant évite ainsi à ses descendants les lenteurs, les ennuis et les frais d'un partage judiciaire ; de plus il empêche les contestations et les haines qui, dans un partage, naissent souvent, entre héritiers, des débats sur des intérêts opposés.

Dans quelle forme l'ascendant peut-il faire le partage de ses biens entre ses descendants?

L'ascendant peut faire le partage de ses biens entre ses descendants dans la forme des actes portant donation, ou dans la forme des testaments.

Le partage d'ascendant fait-il loi pour ses descendants?

Oui, le partage d'ascendant fait loi pour ses descendants. Toutefois il est nul, si l'un des enfants est omis. En outre, il peut, dans les dix ans qui suivent le décès de l'ascendant, être annulé dans les trois cas suivants :

1° si l'un des enfants est lésé de plus du quart de sa portion héréditaire ; 2° si le principe de l'égalité dans la nature des biens n'a pas été observé ; 3° si, par suite du partage et des avantages préciputaires, l'un des enfants a plus que sa part héréditaire et la quotité disponible.

§ 5. — Des donations par contrat de mariage.

Comment divise-t-on les donations faites par contrat de mariage?

On divise les donations faites par contrat de mariage en deux classes : 1° les donations faites par un tiers aux deux époux ou à l'un d'eux ; 2° les donations faites par un époux à son conjoint.

Est-il nécessaire que les donations faites par contrat de mariage dépouillent actuellement et irrévocablement le donateur au profit du donataire?

Non, la faveur du mariage a fait introduire des exceptions au principe général des donations, en ce qui concerne le dépouillement actuel et irrévocable.

Dans quels cas la donation faite par contrat de mariage ne dépouille-t-elle pas actuellement et irrévocablement le donateur au profit du donataire?

La donation faite par contrat de mariage ne dépouille pas actuellement et irrévocablement le donateur lorsqu'un tiers fait au profit de l'un des époux, ou un conjoint au profit de l'autre, soit une institution contractuelle, c'est-à-dire une donation de tout ou partie des biens qu'il laissera à son décès, soit une donation de certains biens en se réservant la faculté d'en disposer, ou bien en disant que le donataire payera les dettes de la succession du donateur.

Le donataire des biens à venir peut-il, lors du décès du donateur, renoncer à la donation, pour ne pas payer les dettes de la succession?

Oui, le donataire des biens à venir peut renoncer à

la donation pour s'affranchir de l'obligation de payer les dettes du donateur ; en effet, il ne faut pas que la libéralité qui lui est faite tourne à son détriment.

Les règles des donations ordinaires sont-elles généralement applicables aux donations faites par contrat de mariage?

Oui, les règles des donations ordinaires sont applicables aux donations faites par contrat de mariage ; mais il y a des exceptions. Ainsi les donations faites par contrat de mariage n'ont pas besoin d'être acceptées en termes exprès ; en outre, elles ne sont pas révocables pour cause d'ingratitude du donataire.

La loi accorde-t-elle à l'époux quelque droit à la succession de son conjoint?

Le seul droit que la loi accorde à l'époux est de succéder à son conjoint qui ne laisse ni parent jusqu'au douzième degré ni enfant naturel reconnu.

Les époux ne se font-ils pas souvent des libéralités?

Oui, les libéralités entre époux sont d'une coutume suivie très-généralement.

La donation entre-vifs que l'un des époux fait à l'autre pendant le mariage dépouille-t-elle actuellement et irrévocablement le donateur au profit du donataire?

La donation qu'un époux fait à son conjoint pendant le mariage le dépouille actuellement ; mais à cause de l'influence que l'un des époux peut exercer sur son conjoint, elle est essentiellement révocable à la volonté du donateur. La femme qui a fait une donation à son mari n'a même besoin d'aucune autorisation pour la révoquer.

L'époux qui n'a pas d'héritier réservataire peut-il donner entre-vifs ou par testament la totalité de ses biens à son conjoint?

Oui, l'époux qui n'a pas d'héritier réservataire peut

donner à son conjoint l'universalité de ses biens ; la loi ne s'y oppose en aucune manière.

Quelle est la quotité de ses biens que peut donner à son conjoint l'époux qui laisse des ascendants ?

L'époux qui laisse des ascendants peut donner à son conjoint : 1° la pleine propriété de la quotité disponible, qui est de la moitié ou des trois quarts de ses biens, selon qu'il laisse des ascendants dans les lignes paternelle et maternelle, ou seulement dans l'une des deux lignes ; 2° en outre, l'usufruit de la part réservée aux ascendants.

Quelle quotité l'époux peut-il donner à son conjoint quand il laisse des enfants de leur union ?

L'époux qui laisse des enfants de l'union peut donner à son conjoint, quel que soit d'ailleurs le nombre des enfants, le quart de ses biens en pleine propriété et l'usufruit d'un autre quart, ou bien seulement la moitié de ses biens en usufruit.

Quelle quotité peut donner à son nouveau conjoint l'époux qui laisse des enfants d'un premier lit ?

L'époux qui laisse des enfants d'un premier lit peut donner à son nouveau conjoint une part d'enfant légitime le moins prenant, mais sans pouvoir jamais excéder le quart de ses biens.

Si, dans le but de franchir les limites fixées par la loi, l'époux fait à son conjoint des donations déguisées, notamment sous le nom de personnes interposées, quel est le sort de ces donations ?

Les donations déguisées que l'un des époux a faites à son conjoint dans le but de franchir les limites fixées par la loi, sont frappées d'une complète nullité.

TITRE III. — DES CONTRATS ET DES OBLIGATIONS CONVENTIONNELLES EN GÉNÉRAL.

Qu'est-ce que l'obligation?

L'obligation est un lien de droit qui astreint une personne envers une autre à donner, à faire ou à ne pas faire quelque chose.

Sous quels noms désigne-t-on ceux entre lesquels existe l'obligation?

L'un de ceux entre lesquels existe l'obligation est nommé *créancier* : c'est celui en faveur duquel est formé le lien de droit. L'autre est nommé *débiteur* : c'est celui qui est astreint par le lien de droit.

Comment est appelée l'obligation considérée sous le rapport du créancier?

L'obligation considérée sous le rapport du créancier est appelée ordinairement *créance*. On la désigne encore par les mots *obligation active*, ou *créance active*, ou *dette active*.

Comment est appelée l'obligation considérée sous le rapport du débiteur?

L'obligation considérée sous le rapport du débiteur est appelée ordinairement *dette*. Mais on la désigne pareillement par les mots *obligation passive*, ou *créance passive*, ou *dette passive*.

La légèreté de quelques personnes à contracter facilement des obligations n'est-elle pas souvent pour elles une cause d'ennuis, de pertes et même de ruine?

Oui; la légèreté de quelques personnes à contracter des obligations, surtout des obligations à terme, leur est souvent très-nuisible. Les affaires qui se traitent au comptant ne renferment pas d'aussi graves inconvénients.

Combien y a-t-il de sources d'obligations?

Il y a cinq sources d'obligations, qui sont : 1° le contrat, dont les règles sont exposées dans ce titre ; 2° la loi ; 3° le quasi-contrat ; 4° le délit ; 5° le quasi-délit. Ces quatre dernières sources sont l'objet du titre suivant.

§ 1er. — Dispositions préliminaires.

Qu'est-ce que le contrat?

Le contrat est une convention par laquelle une ou plusieurs personnes s'obligent envers une ou plusieurs autres à donner, à faire ou à ne pas faire quelque chose.

Qu'est-ce que la convention?

La convention est l'accord de deux ou plusieurs personnes sur une même chose.

Peut-il exister un contrat sans convention?

Non ; la convention est un élément essentiel du contrat.

Toutes les conventions constituent-elles des contrats?

Non ; la convention faisant naître une obligation civile, c'est-à-dire sanctionnée par une action, s'élève seule au rang de contrat.

I. DIVERS CONTRATS. — *Combien distingue-t-on de classes de contrats?*

On distingue principalement trois classes de contrats.

Quelle est la première classe des contrats?

La première classe des contrats est celle qui comprend les contrats synallagmatiques, appelés aussi bilatéraux, et les contrats unilatéraux.

Qu'est-ce que le contrat synallagmatique?

Le contrat synallagmatique est celui par lequel les contractants s'obligent réciproquement l'un envers l'autre. Telle est la vente, qui fait naître une obligation de l'acheteur envers le vendeur, et une obligation du vendeur envers l'acheteur.

Qu'est-ce que le contrat unilatéral?

Le contrat unilatéral est celui qui ne produit d'obligation que d'un côté. Tel est le prêt d'argent, qui fait naître seulement l'obligation de l'emprunteur envers le prêteur.

Quelle est la seconde classe des contrats?

La seconde classe des contrats est celle qui comprend les contrats à titre onéreux, et les contrats à titre gratuit, appelés aussi de bienfaisance.

Qu'est-ce que le contrat à titre onéreux?

Le contrat à titre onéreux est celui dans lequel chaque partie a en vue un avantage pécuniaire, comme la vente, l'échange, la société, le prêt à intérêts.

Qu'est-ce que le contrat à titre gratuit?

Le contrat à titre gratuit est celui qui, d'après l'intention commune des parties, ne procure d'avantage qu'à l'une d'elles. Tels sont la donation et le prêt sans intérêts.

Quelle est la troisième classe des contrats?

La troisième classe des contrats est celle qui comprend les contrats principaux et les contrats accessoires.

Qu'est-ce que le contrat principal?

Le contrat principal est celui qui a une existence indépendante de toute autre obligation. Tels sont la vente, le louage et la plupart des contrats.

Qu'est-ce que le contrat accessoire?

Le contrat accessoire est celui qui suppose l'existence d'une autre obligation. Tels sont le cautionnement et le gage, qui ont pour objet de garantir l'exécution d'un engagement.

II. Conditions essentielles des contrats. — *Combien y a-t-il de conditions essentielles pour la validité d'un contrat?*

Il y a quatre conditions essentielles pour la validité

d'un contrat: 1° le consentement des parties ; 2° leur capacité de s'obliger ; 3° un objet certain qui forme la matière de l'engagement ; 4° enfin, une cause licite de l'obligation.

I. — *Deux personnes peuvent-elles valablement convenir que le lien actif ou passif de l'obligation naîtra dans la personne d'un tiers?*

Non, personne ne peut obliger que soi, ni acquérir d'obligation que pour soi.

Les obligations actives et passives s'éteignent-elles par le décès des contractants?

Non, les obligations actives et passives se transmettent aux héritiers, parce que chacun est censé avoir stipulé activement ou passivement pour soi, pour ses héritiers et ayants cause ; mais les parties peuvent convenir que le lien de l'obligation ne passera pas aux héritiers.

N'y a-t-il pas quelquefois des vices du consentement donnant lieu à des actions en nullité des contrats?

Oui, il y a quatre vices du consentement donnant lieu à des actions en nullité : ce sont l'erreur, la violence, le dol et la lésion.

Toute erreur de l'une des parties devient-elle une cause de la nullité du contrat?

Non, pour donner lieu à l'action en nullité, il faut que l'erreur porte sur la substance même de la chose, c'est-à-dire sur la qualité principale qui a déterminé une partie à contracter. Ainsi, lorsque celui qui voulait acheter une montre d'or en a acheté une de cuivre doré, il a commis une erreur donnant lieu à la nullité de la vente

Quand l'erreur porte sur la chose même ou sur la nature du contrat, les parties sont-elles obligées?

Non, quand l'erreur porte sur la chose même ou sur la nature du contrat, l'accord des parties n'a pas existé : il n'y a eu ni convention, ni contrat, ni obligation ; par conséquent, il n'est pas nécessaire de demander la nullité d'un pareil acte.

Dans quel cas la violence est-elle une cause de nullité du contrat?

La violence est une cause de nullité du contrat lorsqu'elle a inspiré à l'une des parties la crainte sérieuse d'un mal considérable et imminent, et que c'est cette crainte qui l'a fait consentir.

En quoi consiste le dol?

Le dol consiste en manœuvres frauduleuses pratiquées par une personne pour en tromper une autre.

Que faut-il pour que le dol soit une cause de nullité du contrat?

Pour que le dol soit une cause de nullité du contrat, il faut la réunion de deux conditions : 1° que les manœuvres frauduleuses aient évidemment déterminé la partie trompée à donner son consentement ; 2° que ces manœuvres aient été pratiquées par l'une des parties contractantes. Si les manœuvres étaient pratiquées par un tiers, elles feraient naître contre lui une action en dommages-intérêts; mais le contrat ne pourrait pas être annulé.

En quoi consiste la lésion?

La lésion consiste en un dommage pécuniaire éprouvé par l'un des contractants.

La lésion est-elle, en général, une cause de nullité du contrat?

Non, ce n'est que par exception que la lésion est une cause de nullité du contrat. Ainsi le mineur lésé peut, quelque petite que soit la lésion, demander, à raison de son incapacité, la nullité du contrat qu'il a fait. Le majeur ne peut demander la nullité d'un acte pour cause de lésion que si, dans un partage, il a été lésé de plus du quart de sa portion héréditaire, ou que si, en vendant un immeuble, il a été lésé de plus des sept douzièmes de sa valeur.

Quel est le délai de l'action en nullité?

Le délai de l'action en nullité est de dix ans, qui courent du jour de la découverte de l'erreur ou du dol, de la cessation de la violence, et, pour lésion éprouvée par le mineur, du jour de sa majorité.

II. — *Quelles personnes ont la capacité de contracter?*

Toutes personnes ayant l'usage de la raison ont la capacité de contracter. En effet, en matière de contrats, la capacité est la règle.

La règle que toute personne peut contracter souffre-t-elle des exceptions?

Oui, quelques personnes sont incapables de contracter, ce sont : les interdits, ceux qui sont renfermés dans une maison d'aliénés, les mineurs, alors surtout qu'ils ne sont pas émancipés, et, dans la plupart des cas, les femmes mariées.

La convention dans laquelle a figuré un incapable est-elle frappée d'une nullité complète, comme manquant de la capacité qui est l'une des quatre conditions essentielles pour la validité du contrat?

Non. Il existe dans l'incapable ayant l'usage de raison, non pas un manque complet de capacité, mais seulement un vice de capacité. La convention dans laquelle il a figuré constitue un contrat, mais un contrat vicié. Le capable ne peut point se soustraire à son engagement ; mais l'incapable peut, dans les dix ans qui suivent le jour où son incapacité a cessé, demander la nullité du contrat.

III. — *Qu'est-ce que l'objet du contrat?*

L'objet du contrat est la chose même que le contractant s'oblige à donner, à faire ou à ne pas faire.

Le contrat synallagmatique a-t-il plusieurs objets?

Oui, le contrat synallagmatique a autant d'objets qu'il y a de contractants. puisque chaque partie est obligée à quelque chose. Ainsi, la vente a nécessairement deux objets : la chose que le vendeur doit livrer est l'objet de son obligation ; le prix que l'acheteur doit payer est l'objet de son obligation.

IV. — *Qu'est-ce que la cause du contrat?*

La cause du contrat est la chose en vue de laquelle une partie consent à contracter. Dans la vente, le prix est la cause de l'obligation du vendeur ; et la chose vendue est la cause de l'obligation de l'acheteur.

Si le contrat a une obligation sans cause ou si la cause qu'il renferme est contraire aux lois ou aux mœurs, le contrat a-t-il quelque force?

Non, le contrat qui est sans cause ou qui a une cause illicite est absolument nul ; mais s'il a une cause licite, il est valable, quoique l'écrit ne la mentionne pas.

III. EFFETS DES CONTRATS ENTRE LES PARTIES ET ENVERS LES TIERS. — *La convention légalement formée a-t-elle une grande force?*

Oui, la convention légalement formée a force de loi pour les parties. Celles-ci peuvent cependant la révoquer par leur consentement mutuel.

Les obligations sont-elles strictement renfermées dans les termes de la convention?

Non, les conventions, au lieu d'être strictement renfermées dans leurs termes, s'étendent à toutes les conséquences que la loi, l'équité et l'usage attribuent à leur nature.

En quoi consiste l'obligation de donner?

L'obligation de donner consiste dans la nécessité imposée à une personne de transférer à une autre la propriété ou la possession d'une chose.

Celui qui est obligé à donner un objet, n'est-il pas aussi tenu, tant qu'il le possède, de veiller à sa conservation?

Oui, le débiteur d'un objet doit, sous peine de dommages-intérêts, apporter à sa conservation les soins d'un bon père de famille, c'est-à-dire d'un administrateur diligent.

Qu'entend-on par obligation parfaite et par obligation imparfaite?

L'obligation parfaite est celle qui a une existence civile et qui, par suite, est sanctionnée par une action. L'obligation imparfaite, appelée aussi *obligation naturelle*, est celle qui n'est sanctionnée par aucune action : telle est l'obligation de faire l'aumône au pauvre dans le besoin.

Comment l'obligation de donner ou de faire devient-elle parfaite?

L'obligation de donner ou de faire devient parfaite par le seul consentement des parties ; dès que ce consentement est formé, le créancier a une action personnelle pour contraindre son débiteur à payer.

Le créancier n'a-t-il pas, en outre de l'action personnelle, l'action réelle ou en revendication?

Oui, le créancier a quelquefois l'action en revendication : c'est lorsqu'il s'agit de l'obligation de donner une chose, c'est-à-dire d'en transférer la propriété, et que cette chose est un corps certain et déterminé appartenant au débiteur. La propriété est alors transférée par l'effet seul de l'obligation ; le créancier a, par conséquent, le droit de revendiquer la chose.

L'obligation de donner a-t-elle pour effet de transférer au créancier la propriété de la chose due aussi bien à l'égard des tiers qu'à l'égard du débiteur?

Non, l'obligation de donner n'a pas toujours pour effet de transférer au créancier la propriété de la chose à l'égard des tiers. En effet, quand il s'agit d'immeubles, le créancier n'en devient propriétaire à l'égard des tiers que par la transcription de son contrat au bureau des hypothèques. Quand, au contraire, il s'agit de meubles, le créancier en devient, il est vrai, propriétaire à l'égard des tiers par l'effet de la convention ; mais lorsque le débiteur les vend et les livre à un acheteur de bonne foi, le créancier ne peut pas les revendiquer contre cet acheteur.

Quand le corps certain et déterminé que le débiteur s'est engagé à donner périt ou se détériore avant la livraison, sur qui retombe la perte?

Si l'obligation est pure et simple, ou même à terme, la chose due appartient au créancier du jour du contrat : en conséquence, c'est lui qui supporte la perte et les détériorations, comme il profite des améliorations. Mais si l'obligation est sous condition suspensive, la perte et les détériorations arrivées à la chose avant l'événement de la condition, et par conséquent avant la naissance de l'obligation et la translation de propriété, sont supportées par le débiteur. Dans tous les cas, si le débiteur est en faute, ou s'il a été mis en demeure d'exécuter son engagement, il est, à raison des pertes et détériorations, tenu envers le créancier de dommages-intérêts.

Comment le débiteur est-il mis en demeure?

Le débiteur est mis en demeure par une clause même de la convention ou par un acte postérieur.

Le débiteur qui ne satisfait pas à son engagement dans le délai convenu, est-il par cela seul constitué en demeure?

Non, le débiteur n'est pas en demeure lorsqu'il ne satisfait point à son engagement dans le délai fixé, à moins que la convention ne porte qu'il sera en demeure par le seul défaut d'exécution dans le délai stipulé.

Par quels actes le créancier peut-il mettre son débiteur en demeure?

Le créancier peut mettre son débiteur en demeure par une sommation, par un commandement fait en vertu d'un titre exécutoire, ou par une citation en justice.

Le créancier peut-il contraindre son débiteur à donner ou à faire la chose due?

Oui, le créancier peut contraindre son débiteur à donner, en ce sens qu'il peut recourir à la justice pour se faire mettre en possession de la chose due. Mais il ne peut pas contraindre son débiteur à faire ou à ne pas faire la chose convenue : de pareilles obligations se résolvent, à défaut d'exécution, en dommages-intérêts.

Qu'entend-on par dommages-intérêts?

On entend par dommages-intérêts le dommage que le créancier a éprouvé et l'intérêt qu'il avait à l'exécution de l'engagement. Les dommages-intérêts sont ainsi l'appréciation en argent de la perte éprouvée par le créancier et du gain dont il a été privé à cause de l'inexécution de l'obligation par le débiteur, de sa mauvaise exécution, du retard dans son exécution, ou de son exécution seulement partielle.

Par qui sont fixés les dommages-intérêts?

Les dommages-intérêts sont fixés par les parties, par la loi ou par le juge.

Comment les parties fixent-elles les dommages-intérêts?

Les parties fixent les dommages-intérêts en insérant dans la convention une clause portant que, si le débiteur n'exécute pas son engagement dans le délai convenu, il devra payer au créancier telle somme à titre de peine.

Dans quelles obligations la loi fixe-t-elle les dommages-intérêts?

La loi fixe les dommages-intérêts seulement dans les obligations ayant pour objet des sommes d'argent. Les dommages-intérêts sont alors de cinq ou de six pour cent du capital, selon qu'il s'agit de matière civile ou de matière commerciale.

Dans quels cas les dommages-intérêts sont-ils fixés par le juge?

Les dommages-intérêts sont fixés par le juge dans tous les cas où ils ne sont fixés ni par la convention ni par la loi.

Le juge traite-t-il plus rigoureusement le débiteur qui a violé son engagement par dol, que celui qui est simplement en faute?

Oui ; le débiteur en faute est condamné seulement aux dommages-intérêts qu'il a prévus ou qu'il a pu prévoir lors de la convention, tandis que le débiteur coupable de dol est condamné à tous les dommages-intérêts qui sont une suite directe et immédiate de l'inexécution de l'engagement.

La règle que « personne ne peut stipuler activement ou passivement que pour soi, » n'a-t-elle pas une remarquable conséquence?

Oui, la règle que personne ne peut stipuler que pour soi a cette remarquable conséquence : « La stipulation ne peut ni profiter ni nuire à des tiers. » Toutefois, cette conséquence, qui est vraie en droit, n'est pas complétement vraie en fait. Ainsi, lorsque mon débiteur insolvable fait de bonnes opérations, j'en profite, en ce sens que ma créance mauvaise devient bonne ; lors, au contraire, que mon débiteur solvable fait de mauvaises opérations, j'en souffre, en ce sens que ma créance bonne devient mauvaise.

Les créanciers peuvent-ils se faire autoriser par justice à exercer les droits que leur débiteur néglige?

Oui, les créanciers peuvent se faire autoriser par justice à exercer les droits de leur débiteur, pourvu qu'il ne s'agisse pas de droits attachés exclusivement à sa personne, comme ceux d'usage et d'habitation. Ainsi, la justice peut autoriser les créanciers à accepter une succession ou un legs échus à leur débiteur, ou à poursuivre en payement les divers débiteurs de leur débiteur.

Les créanciers peuvent-ils aussi attaquer en justice les actes consentis par leur débiteur, afin de les faire annuler?

Oui, les créanciers peuvent faire annuler les actes consentis par leur débiteur, mais seulement en cas de fraude. Pour faire annuler les actes à titre gratuit, les créanciers doivent prouver le fait du préjudice et l'intention du débiteur de leur causer ce préjudice; tandis que pour faire annuler les actes à titre onéreux, ils ont besoin de prouver encore la collusion, c'est-à-dire la participation volontaire du tiers à la fraude de leur débiteur.

§ 2. — Des diverses espèces d'obligations.

En combien de classes divise-t-on les diverses obligations?

On divise les diverses obligations en cinq classes.

I. — Quelles sont les obligations comprises dans la première classe?

Les obligations comprises dans la première classe sont les obligations pures et simples, les obligations à terme et les obligations conditionnelles.

Qu'est-ce que l'obligation pure et simple?

L'obligation pure et simple est celle qui naît et qui devient exigible à l'instant de la convention : aucune condition n'en suspend l'existence, aucun terme n'en retarde l'exigibilité.

Qu'est-ce que l'obligation à terme?

L'obligation à terme est celle qui naît au moment de la convention, mais qui n'est exigible qu'après une époque certaine ou incertaine.

Est-il vrai de dire, comme on le fait souvent, que « celui qui a terme ne doit rien »?

7

Non ; le dicton « qui a terme ne doit rien, » n'est pas exact : celui qui a terme doit ; mais ce n'est qu'après l'échéance du terme qu'il peut être poursuivi en payement.

Dans l'intérêt de quelle partie présume-t-on que le terme a été stipulé?

S'il n'apparaît pas d'une intention contraire, on présume que le terme a été stipulé dans l'intérêt du débiteur. Celui-ci peut donc, si bon lui semble, renoncer au bénéfice du terme et contraindre le créancier à recevoir son payement.

N'y a-t-il pas des cas où le débiteur est déchu du terme?

Oui, le débiteur est déchu du terme dans deux cas : 1° s'il tombe en faillite ou en déconfiture ; 2° s'il diminue par son fait les sûretés spéciales qu'il a données à son créancier.

Qu'est-ce que l'obligation conditionnelle?

L'obligation conditionnelle est celle dont l'existence dépend d'un événement futur et incertain.

L'obligation serait-elle valable si la condition était purement potestative de la part du débiteur?

Non ; l'obligation dépendant d'une condition purement potestative de la part du débiteur est entièrement nulle.

L'obligation est-elle nulle si le stipulant ou le promettant meurt avant l'événement de la condition?

Non ; la mort du créancier ou du débiteur avant l'événement de la condition ne rend point l'obligation nulle. En effet, celui qui contracte activement ou passivement stipule pour soi, pour ses héritiers et ayants cause. L'espérance qu'il a de voir naître l'obligation conditionnelle est par conséquent transmissible à ses héritiers. Par suite d'un effet rétroactif qui se produit lors de l'événement de la condition, l'obligation est même considérée comme ayant reposé, dès l'époque de la convention, sur la personne du contractant maintenant décédé, et celui-ci est censé avoir transmis cette obligation à ses héritiers.

L'événement de la condition insérée dans un legs a-t-il aussi un effet rétroactif?

Non ; le legs étant l'œuvre du seul testateur qui a voulu faire une libéralité à une personne déterminée, il s'ensuit que si le légataire meurt avant l'événement de la condition fixée pour l'ouverture du droit, le legs qui lui a été fait devient caduc.

Qu'advient-il si les parties insèrent dans une convention une condition impossible ou bien contraire aux lois ou aux mœurs?

La condition impossible, contraire aux lois ou aux mœurs, qui est insérée dans un contrat, est nulle et rend nulle toute la convention. Quand, au contraire, elle est insérée dans un legs, ou même dans une donation, elle est effacée et la libéralité produit son effet.

Combien distingue-t-on de sortes de conditions?

On distingue deux sortes de conditions : la condition suspensive et la condition résolutoire.

Qu'est-ce que la condition suspensive?

La condition suspensive est celle qui subordonne la naissance de l'obligation à la réalisation d'un événement futur et incertain. Ainsi, quand je vous vends ma maison pour 3,000 francs, si mon fils, qui tire à la conscription l'année prochaine, amène un mauvais numéro, la vente n'existera qu'au moment où mon fils aura un mauvais numéro.

Si la chose vendue sous condition suspensive périt avant l'événement de la condition, pour qui est la perte?

Lorsque la chose vendue sous condition suspensive périt avant l'événement de la condition, la perte est pour le vendeur : quand même la condition viendrait ensuite à se réaliser, l'acheteur ne devrait pas le prix.

Qu'est-ce que la condition résolutoire?

La condition résolutoire est celle dont l'événement fait considérer la convention comme n'ayant jamais existé. Ainsi, quand je vous vends ma maison pour 3,000 francs, en disant que la vente sera résolue si mon fils, qui tire à la conscription l'année prochaine, amène un bon numéro, la vente est parfaite dès l'instant de la convention ; mais elle est considérée comme non avenue si mon fils obtient un bon numéro.

Les contrats synallagmatiques ne renferment-ils pas une condition résolutoire tacite?

Oui, les contrats synallagmatiques renferment la condition tacite que le contrat sera résolu si l'une des parties n'exécute pas son obligation. Mais cette sorte de résolution ne s'opère pas de plein droit : il est au choix de la partie qui a rempli son engagement de contraindre l'autre partie à exécuter son obligation, ou de demander la résolution du contrat, avec des dommages-intérêts.

II. — *Quelles sont les obligations comprises dans la deuxième classe?*

Les obligations comprises dans la deuxième classe sont les obligations alternatives et les obligations non alternatives.

Qu'est-ce que l'obligation non alternative?

L'obligation non alternative est celle qui impose au débiteur la nécessité de payer toutes les choses comprises dans l'obligation.

Qu'est-ce que l'obligation alternative?

L'obligation alternative est celle qui met le débiteur dans la nécessité de payer seulement une des choses comprises dans l'obligation. Ainsi, quand j'ai fait cette promesse : « Je vous donnerai tel bœuf ou tel cheval, » je suis entièrement libéré en donnant l'une des choses promises.

A qui appartient le choix des choses dues alternative-ment?

S'il n'existe pas de convention contraire, le choix des choses dues alternativement appartient au débiteur.

III. — Quelles sont les obligations comprises dans la troisième classe?

Les obligations comprises dans la troisième classe sont les obligations solidaires et les obligations non solidaires.

Qu'est-ce que l'obligation non solidaire?

L'obligation non solidaire est celle qui se divise entre les débiteurs, de telle sorte que chacun peut être poursuivi seulement pour sa part, et que l'insolvabilité de l'un d'eux n'est pas supportée par les autres, mais bien par le créancier.

Qu'est-ce que l'obligation solidaire?

L'obligation solidaire est celle qui donne au créancier le droit de demander la totalité de la créance à chacun des débiteurs, et qui, par suite, fait supporter l'insolvabilité de l'un des débiteurs par ses codébiteurs solvables.

En matière d'obligations, la solidarité est-elle la règle?

Non, la solidarité est l'exception ; elle n'existe qu'en vertu d'une convention expresse des parties, ou en vertu d'une disposition formelle de la loi.

Donnez un exemple de solidarité légale?

Toutes les personnes condamnées ensemble pour un même crime ou pour un même délit sont tenues solidairement des frais du procès, des amendes envers l'État et des dommages-intérêts envers les parties lésées.

Le créancier qui a plusieurs débiteurs solidaires peut-il, à son gré, les poursuivre tous collectivement devant le même tribunal, ou les poursuivre séparément et successivement?

Oui, le créancier peut, comme bon lui semble, poursuivre ses débiteurs solidaires collectivement, séparément ou successivement. Mais dans le but d'éviter les ennuis et les frais de plusieurs procès, il poursuit ordinairement tous ses débiteurs solidaires en même temps et devant le même tribunal.

Les poursuites dirigées contre un seul des débiteurs solidaires produisent-elles de l'effet à l'égard des autres?

Oui ; lorsqu'il s'agit de solidarité conventionnelle, les poursuites intentées contre l'un des débiteurs solidaires interrompent la prescription et font courir les intérêts contre tous, par la raison que chacun d'eux est considéré comme mandataire de ses codébiteurs, soit pour payer toute la dette commune, soit pour défendre à l'action du créancier réclamant son payement intégral.

Le débiteur solidaire qui est poursuivi en payement de la dette entière peut-il opposer au créancier toute sorte de moyens de défense?

Le débiteur solidaire qui est poursuivi en payement de la dette peut opposer au créancier tous les moyens de défense résultant de la nature de la dette et ceux qui lui sont personnels : mais il n'a pas le droit d'invoquer les moyens purement personnels à ses codébiteurs qui, par exemple, jouissent d'un terme ou d'une exception tirée de leur incapacité de s'obliger.

Le débiteur solidaire qui a payé toute la dette commune a-t-il un recours contre ses codébiteurs?

Oui, le débiteur solidaire qui a payé entièrement le créancier peut demander à chacun de ses codébiteurs une part virile de la dette, à moins qu'il n'en ait été autrement convenu.

Celui qui a payé toute la dette supporte-t-il seul les insolvabilités?

Non ; les parts contributoires des insolvables sont réparties entre le débiteur qui a payé toute la dette et les autres débiteurs solvables.

Le créancier peut-il faire remise de la solidarité à quelques-uns de ses débiteurs?

Oui, le créancier peut faire remise de la solidarité à quelques-uns de ses débiteurs. En effet, la solidarité existant uniquement dans son intérêt, il peut y renoncer pour le tout ou pour partie.

IV. — *Quelles sont les obligations comprises dans la quatrième classe?*

Les obligations comprises dans la quatrième classe sont les obligations divisibles et les obligations indivisibles.

Qu'est-ce que l'obligation divisible?

L'obligation divisible est celle qui se divise activement et passivement en autant de créances distinctes qu'il y a de créanciers et de débiteurs, ainsi que d'héritiers du créancier ou du débiteur. En conséquence, chaque créancier ne peut demander au débiteur que sa part, et chaque débiteur ne peut être poursuivi que pour sa part par le créancier.

Qu'est-ce que l'obligation indivisible?

L'obligation indivisible est celle dont le payement n'est pas susceptible d'être divisé, comme un droit de passage. Chaque créancier peut, dans ce cas, demander à chaque débiteur et même à chaque héritier du débiteur le payement intégral de la créance.

V. — *Quelles sont les obligations comprises dans la cinquième classe?*

Les obligations comprises dans la cinquième classe sont celles dont l'exécution est garantie par une clause pénale.

Qu'est-ce que la clause pénale?

La clause pénale est une disposition par laquelle les parties fixent, au moyen d'une espèce de forfait, le montant des dommages-intérêts que devra payer le débiteur s'il ne satisfait point à son obligation.

Dans l'intérêt de quelle partie la clause pénale est-elle fixée?

La clause pénale est fixée dans l'intérêt du créancier, qui est par là dispensé de prouver l'existence du préjudice résultant de l'inexécution de l'obligation. D'ailleurs, après avoir mis le débiteur en demeure, il peut, à son gré, demander l'exécution de l'obligation, ou bien le payement de la clause pénale.

La clause pénale produit-elle de l'effet si elle est insérée dans une convention ayant pour objet une chose impossible, contraire aux lois ou aux mœurs?

Non; comme la convention ayant pour objet une chose impossible, contraire aux lois ou aux mœurs, est nulle, la clause pénale, qui en est une partie accessoire, est frappée de la même nullité.

§ 5. — De l'extinction des obligations.

Qu'est-ce que l'extinction de l'obligation?

L'extinction de l'obligation est la rupture du lien de droit qui astreignait le débiteur.

Combien existe-t-il de manières d'éteindre les obligations?

Il existe neuf manières d'éteindre les obligations. Ce sont : 1° le payement ; 2° la novation ; 3° la remise de la dette ; 4° la compensation ; 5° la confusion ; 6° la perte de la chose due ; 7° la nullité ou rescision : ces sept modes d'extinction font l'objet de ce paragraphe ; 8° l'effet de la condition résolutoire, qui est expliquée dans le paragraphe précédent (p. 112) ; 9° enfin, la prescription qui fait l'objet du titre XX.

I. PAYEMENT. — *Qu'est-ce que le payement?*

Le payement est la manière d'éteindre l'obligation de la manière que les parties l'entendaient en contractant. Ainsi, le débiteur paye, s'il donne ce qu'il s'est obligé à donner, ou s'il fait ce qu'il s'est obligé à faire.

Qui peut payer?

Toute personne peut payer : un tiers, qui agit à l'insu du débiteur, peut payer et même contraindre le créancier à recevoir ce qui lui est dû.

La règle que « toute personne peut payer » ne souffre-t-elle pas une exception?

Oui ; lorsque, dans l'obligation de faire, le créancier a eu en vue le talent particulier du débiteur, il n'est pas contraint de recevoir son payement d'une autre personne.

A qui le payement doit-il être fait?

Le payement doit être fait au créancier capable, ou bien à ses représentants, tels que mandataire, tuteur, syndic de faillite.

Le payement fait à une personne qui n'a pas de pouvoir pour le recevoir, libère-t-il le débiteur?

Non, le payement fait à une personne qui n'a pas de pouvoir pour le recevoir, laisse le débiteur dans le lien de son obligation. Toutefois, le débiteur est libéré : 1° s'il a payé de bonne foi à celui qui était en possession de la créance, par exemple à l'héritier apparent du créancier, ou au possesseur d'un titre au porteur ; 2° si la chose payée tourne au profit du créancier; 3° si le créancier ratifie le payement.

Le débiteur auquel a été signifiée une saisie-arrêt ou opposition faite par un tiers, peut-il néanmoins payer son créancier?

Non ; le débiteur auquel une saisie-arrêt a été signifiée ne peut plus payer son créancier, car il serait responsable envers le saisissant du préjudice que le payement lui aurait causé.

Quelle chose doit être payée?

Doit être payée toute la chose qui est due. En effet,

le créancier n'est pas tenu de recevoir une partie seulement de la chose due, ni d'accepter à sa place une autre chose, même supérieure en valeur.

Où le payement doit-il être fait?

Le payement doit être fait au lieu convenu et aux frais du débiteur. A défaut de convention, le payement d'un corps certain et déterminé doit se faire au lieu où était ce corps au moment de la convention ; tandis que celui d'une chose de genre, par exemple d'une somme d'argent, doit être fait au domicile du débiteur.

N'y a-t-il pas différents modes d'extinction des obligations qui se rattachent au payement?

Oui, il y a quatre modes d'extinction des obligations qui se rattachent au payement. Ce sont : 1° le payement avec subrogation ; 2° l'imputation des payements ; 3° les offres réelles suivies de consignation ; 4° enfin, la cession de biens.

I. — *Qu'est-ce que la subrogation?*

La subrogation est la transmission des garanties du créancier recevant son payement, au profit du tiers qui le paye et qui, par l'effet de ce payement, a un recours contre le débiteur.

La subrogation est-elle bien utile au tiers qui paye la dette du débiteur?

Oui, la subrogation est bien utile au tiers qui paye la dette ; car, en obtenant les priviléges, hypothèques et cautions du créancier auquel il paye, son recours contre le débiteur devient par là beaucoup plus efficace.

La subrogation s'opère-t-elle toujours au profit de celui qui paye la dette d'autrui?

Non ; en général, le payement qui éteint la dette éteint aussi toutes les garanties accessoires de cette dette.

Combien y a-t-il de sortes de subrogation?

Il y a deux sortes de subrogation : 1° la subrogation

conventionnelle, qui émane du créancier ou du débiteur ; 2° la subrogation légale, qui a lieu de plein droit.

Que faut-il pour que la subrogation émane du créancier?

Pour que la subrogation émane du créancier, il suffit qu'en recevant son payement d'une tierce personne, le créancier la subroge expressément dans ses droits, priviléges et hypothèques.

Que faut-il pour que la subrogation émane du débiteur?

Le débiteur ne peut subroger qu'en empruntant une somme pour payer son créancier : alors pour que la subrogation ait lieu, il faut : 1° que l'acte d'emprunt soit notarié et exprime que la somme est destinée au payement du créancier ; 2° que la quittance de celui-ci soit aussi notariée et porte qu'il a été payé avec la somme empruntée.

Dans quels cas s'opère la subrogation légale?

La subrogation légale s'opère dans ces quatre cas. 1° Si un créancier en paye un autre qui lui est préférable à raison de ses priviléges ou hypothèques, il obtient la subrogation pour la somme qu'il a payée : il a un intérêt à faire ce payement, parce qu'en diminuant le nombre des créanciers, il diminue par là les frais de poursuite. — 2° Si l'acquéreur d'un immeuble emploie le prix de son acquisition à payer les créanciers auxquels cet immeuble est hypothéqué, il est subrogé à leurs droits, et par là il obtient une position meilleure que s'il eût payé le prix à son vendeur. — 3° Si celui qui paye la dette avait intérêt de l'acquitter, parce qu'il était tenu au payement avec d'autres, comme le débiteur solidaire, ou pour d'autres, comme la caution, la subrogation a lieu en sa faveur. — 4° Enfin, l'héritier bénéficiaire est subrogé quand il paye personnellement les dettes de la succession.

II. — *Qu'est-ce que l'imputation de payement ?*

L'imputation de payement, qui suppose entre le même créancier et le même débiteur l'existence de plusieurs dettes, est l'indication de celle qui sera éteinte par la somme payée.

Par qui est faite l'imputation de payement ?

L'imputation est faite par le débiteur, par le créancier ou par la loi.

Le débiteur peut-il, quand il paye une somme, imputer le payement sur la dette qu'il lui plaît d'acquitter ?

Oui, le débiteur peut imputer ce qu'il paye sur la dette qu'il lui plaît d'acquitter, car il est maître de l'emploi de son argent. Il ne pourrait cependant pas imputer la somme payée sur le capital de préférence aux intérêts : ceux-ci doivent toujours, en cas de payement partiel, être préalablement acquittés.

Le débiteur est-il tenu d'accepter l'imputation faite par le créancier ?

Non, le débiteur n'est pas tenu d'accepter l'imputation faite par le créancier. Quand la quittance contient une imputation qui lui semble préjudiciable, il peut faire effacer cette imputation ; mais s'il accepte la quittance sans protestation, il ne peut ensuite attaquer l'imputation que s'il y a eu, de la part du créancier, dol ou surprise.

Quand l'imputation n'est faite ni par le débiteur ni par le créancier, comment la loi la fait-elle ?

Quand les parties n'ont pas fait l'imputation, la loi déclare éteinte la dette la plus onéreuse, c'est-à-dire celle que le débiteur avait le plus d'intérêt d'acquitter.

III. — *Qu'est-ce que les offres réelles et la consignation ?*

Les offres réelles sont la présentation au créancier de la chose due, avec sommation de la recevoir. La consignation est le dépôt de la chose due entre les mains d'un tiers désigné par la loi ou par le juge.

Où consigne-t-on les sommes d'argent?

On consigne les sommes d'argent, ainsi que le veut la loi, à la Caisse des dépôts et consignations.

Les offres réelles et la consignation ne sont-elles pas faites par le moyen d'un officier ministériel?

Oui, les offres réelles et la consignation sont faites par le ministère d'un huissier.

Si les offres réelles, suivies de consignation, sont déclarées valables par le tribunal, à quel instant le débiteur a-t-il été libéré?

Lorsque les offres réelles sont déclarées valables par le tribunal, le débiteur a été libéré à l'instant de la consignation.

Dans quel but le débiteur fait-il à son créancier des offres réelles et la consignation?

Le débiteur fait à son créancier des offres réelles et la consignation dans le but de mettre le créancier en demeure de recevoir son payement, d'arrêter le cours des intérêts ou des dommages-intérêts, de faire retomber sur le créancier les risques de la détérioration et de la perte, ainsi que les frais de justice.

IV. — *Qu'est-ce que la cession de biens?*

La cession de biens est l'acte par lequel un débiteur hors d'état de payer le montant de ses dettes fait l'abandon de tous ses biens à tous ses créanciers.

Combien y a-t-il de sortes de cession de biens?

Il y a deux sortes de cession de biens : la cession volontaire et la cession judiciaire.

Qu'est-ce que la cession de biens volontaire?

La cession de biens volontaire est celle qui réunit l'assentiment de tous les créanciers.

Quels effets produit la cession volontaire?

La cession volontaire a pour effet, s'il n'en a été convenu autrement, de transférer aux créanciers la propriété de tous les biens cédés et de libérer entièrement le débiteur de ses dettes.

Qu'est-ce que la cession de biens judiciaire?

La cession de biens judiciaire est un bénéfice accordé par la loi au débiteur malheureux et de bonne foi, de faire en justice l'abandon de tous ses biens à tous ses créanciers.

Le bénéfice de la cession judiciaire est-il accordé à tous les débiteurs pouvant prouver leurs malheurs et leur bonne foi?

Non ; le bénéfice de la cession judiciaire est refusé aux étrangers, aux banqueroutiers frauduleux, aux condamnés pour vol ou escroquerie, aux stellionataires, aux dépositaires infidèles et aux tuteurs reliquataires.

Quels sont les effets de la cession judiciaire?

La cession judiciaire ne transfère point aux créanciers la propriété des biens cédés, mais elle leur permet de les faire vendre sans remplir les formalités de la saisie. Elle ne libère le débiteur que jusqu'à concurrence des sommes touchées par ses créanciers.

Le commerçant est-il admis à faire la cession de biens?

Le commerçant peut, avant le jugement déclaratif de faillite, faire la cession volontaire, mais il ne jouit jamais du bénéfice de la cession judiciaire.

La cession judiciaire est-elle bien utile au débiteur?

Elle était autrefois bien utile, car elle affranchissait le débiteur de la contrainte par corps; mais cette voie d'exécution étant abolie par la loi du 27 juillet 1867, l'utilité de cette cession a disparu.

II. Novation. — *Qu'est-ce que la novation?*

La novation est la substitution d'une nouvelle dette à

une ancienne qui se trouve par là éteinte avec toutes ses garanties accessoires.

De combien de manières peut s'opérer la novation?

La novation peut s'opérer de trois manières : 1° par changement d'objet ; 2° par changement de débiteur ; 3° par changement de créancier.

Comment s'opère la novation par changement d'objet?

La novation par changement d'objet s'opère par la volonté du créancier et du débiteur consentant à ce qu'un nouvel objet soit dû à la place de l'ancien.

Comment s'opère la novation par changement de débiteur?

La novation par changement de débiteur s'opère par le consentement du créancier et du nouveau débiteur qui se substitue à l'ancien et le libère ainsi, même à son insu, envers le créancier.

Comment s'opère la novation par changement de créancier?

La novation par changement de créancier s'opère par le consentement de l'ancien créancier, du nouveau créancier et du débiteur.

L'indication d'une personne qui fera ou recevra le payement opère-t-elle novation?

Non ; l'indication d'une personne qui fera ou qui recevra le payement ne suffit pas pour opérer novation. Comme la novation éteint les garanties de l'ancienne dette, elle ne se présume pas ; il faut qu'elle résulte clairement de l'acte passé entre les parties.

III. REMISE DE LA DETTE. — *Qu'est-ce que la remise de la dette?*

La remise de la dette est l'acte par lequel un créancier renonce gratuitement à son droit de créance au profit de son débiteur.

Quand le débiteur est possesseur du titre de la créance, y a-t-il présomption de remise de la dette?

Non, la possession du titre par le débiteur n'établit pas une présomption que le débiteur a reçu une libéralité, mais bien plutôt qu'il a payé sa dette.

IV. Compensation. — *Qu'est-ce que la compensation?*

La compensation est l'extinction de deux dettes existant respectivement entre deux personnes, jusqu'à concurrence de la plus faible des sommes.

Quelles conditions sont requises pour que la compensation s'opère?

Pour que la compensation s'opère, il faut la réunion des trois conditions suivantes : 1° que deux personnes soient respectivement créancières et débitrices; 2° que les deux créances respectives soient également liquides et exigibles; 3° que ces créances aient pareillement pour objet des sommes d'argent ou des choses *fongibles* de la même espèce, c'est-à-dire pouvant se remplacer exactement les unes par les autres.

Lorsque les conditions requises pour la compensation se trouvent réunies, les deux dettes s'éteignent-elles de plein droit?

Oui, quand les conditions requises se trouvent réunies, la compensation s'opère de plein droit, même à l'insu des parties. Chacune d'elles a d'ailleurs intérêt à ne pas payer ce qu'elle pourrait aussitôt réclamer.

N'existe-t-il pas des causes qui empêchent la compensation?

Oui, il existe trois causes qui empêchent la compensation. 1° La compensation ne s'opère point quand un tiers a formé une saisie-arrêt. 2° Le dépositaire, le commodataire, le voleur et celui qui a voulu se payer de ses propres mains ne peuvent, sous prétexte de compensation, retenir la chose de leur débiteur. 3° Le débiteur d'une pension alimentaire ne peut point compenser ce qu'il doit à titre d'aliments avec ce qui lui est dû.

V. Confusion. — *Qu'est-ce que la confusion?*

La confusion est la réunion dans une seule personne de la qualité de créancier et de la qualité de débiteur de la même obligation. Cette réunion de qualités incompatibles, qui arrive le plus souvent par succession, éteint nécessairement l'obligation.

VI. Perte de la chose due. — *Quand la chose due vient à périr, le débiteur est-il par là libéré?*

Oui, la perte de la chose due libère le débiteur, puisqu'elle rend impossible l'accomplissement de l'obligation. Mais si le débiteur était en faute ou en demeure, il serait tenu envers le créancier à des dommages-intérêts.

VII. Nullité ou rescision. — *Quelles sont les causes de nullité ou rescision des obligations?*

Les causes de nullité on rescision des obligations sont les vices de consentement ou de capacité.

Quand le contrat est vicié, les deux parties peuvent-elles en demander la nullité?

Non, la partie incapable ou dont le consentement est vicié, peut seule demander la nullité du contrat.

Quel est le délai de l'action en nullité?

Le délai de l'action en nullité est de dix ans.

Le délai de dix ans pour agir en nullité court-il toujours à partir du contrat?

Non; le délai pour agir en nullité ne court, pour vice de consentement, qu'à partir de la découverte de l'erreur ou du dol, ou bien à partir de la cessation de la violence. Pour vice de capacité, le délai commence à courir de l'époque où l'incapacité a cessé; or l'incapacité cesse, pour la femme mariée, par la dissolution du mariage, et, pour le mineur, par la majorité.

Le mineur qui agit en nullité obtient-il toujours gain de cause?

Non; pour obtenir gain de cause, le mineur doit

prouver que l'acte dont il demande la nullité, lui a causé un préjudice ; en effet, il n'est pas restituable à cause de sa qualité seule de mineur, mais à cause de la lésion qu'il a éprouvée.

Le mineur émancipé qui se trouve lésé dans des actes de pure administration, peut-il en demander la nullité?

Non ; le mineur émancipé qui a été lésé dans des actes de pure administration, ne peut pas en demander la nullité, car il n'existe point en sa personne, pour de tels actes, de vice de capacité.

Le mineur peut-il faire annuler les actes passés par le tuteur, lorsqu'ils lui causent du préjudice?

Non, le mineur n'a pas le droit de faire annuler les actes que son tuteur a passés lorsqu'ils lui préjudicient ; mais il peut, sans avoir besoin de prouver le préjudice, faire annuler l'acte passé par le tuteur quand celui-ci a violé quelques formes ou conditions prescrites par la loi.

L'obligation annulable pour vice de consentement ou de capacité, peut-elle être confirmée, c'est-à-dire ratifiée?

Oui, toute obligation annulable peut être confirmée. Ainsi, celui qui a découvert le dol dont il a été victime, et le mineur qui est arrivé à sa majorité, peuvent confirmer leurs obligations.

De combien de manières l'obligation annulable peut-elle être confirmée?

L'obligation annulable peut être confirmée de deux manières : tacitement et expressément. -

Comment a lieu la confirmation tacite?

La confirmation tacite a lieu lorsque le débiteur, qui connaît la cause de nullité, exécute volontairement son obligation viciée.

Comment se fait la confirmation expresse?

La confirmation expresse se fait dans un écrit qui doit

contenir : 1° la substance de l'obligation annulable ; 2° le vice dont cette obligation est entachée ; 3° enfin, l'intention des parties de réparer ce vice.

§ 4. — De la preuve de la naissance et de l'extinction des obligations.

Qu'est-ce qu'une preuve ?

Une preuve est la démonstration de l'existence d'un fait ou d'un droit.

Quelle partie est tenue, devant le juge, de faire la preuve en matière d'obligation ?

Comme chacun est, en principe, libre de tout lien de droit, c'est au prétendu créancier à prouver le fait qui a donné naissance, en sa faveur, à un droit de créance. Mais si le débiteur prétend qu'il est libéré, c'est à lui de prouver le fait qui a produit l'extinction de sa dette.

Qui doit faire la preuve en matière de droit de propriété ?

Comme la possession d'une chose établit une présomption de propriété en faveur du possesseur, c'est à celui qui ne possède pas la chose à prouver qu'elle lui appartient.

Combien existe-t-il de genres de preuves ?

Il existe cinq genres de preuve, qui sont : 1° la preuve littérale ; 2° la preuve testimoniale ; 3° les présomptions ; 4° l'aveu de la partie ; 5° enfin, le serment.

I. PREUVE LITTÉRALE. — *Qu'est-ce que la preuve littérale ?*

La preuve littérale est celle qui résulte d'écrits appelés *titres* ou *actes*.

Combien y a-t-il de sortes d'actes ?

Il y a deux sortes d'actes : l'acte authentique et l'acte sous seing privé.

I. — Qu'est-ce que l'acte authentique?

L'acte authentique est celui qui a été dressé par un officier public ayant le droit d'instrumenter dans le lieu où l'acte a été passé, et qui est revêtu des formalités prescrites par la loi.

Quels sont les officiers publics qui dressent des actes authentiques?

Les officiers publics qui dressent des actes authentiques sont surtout les notaires, les huissiers et les maires.

Quels sont les officiers publics qui donnent l'authenticité aux testaments et aux conventions?

Les officiers publics qui donnent l'authenticité aux testaments et aux conventions sont les notaires.

Quelle est la force probante de l'acte authentique?

L'acte authentique fait foi des faits qu'il contient et qui sont de nature à pouvoir être personnellement attestés par le notaire; il ne peut être attaqué que par la procédure difficile de l'inscription de faux.

La convention contenue dans l'acte authentique produit-elle des effets à l'égard de tous?

Non; la convention contenue dans l'acte authentique ne produit d'effet qu'entre les parties contractantes, leurs héritiers et ayants cause.

Qu'est-ce qu'une contre-lettre?

Une contre-lettre est un acte destiné à rester secret, et par lequel les parties annulent ou modifient un autre acte passé en forme authentique et destiné à être rendu public.

La contre-lettre peut-elle être opposée aux tiers?

Non, la contre-lettre ne peut pas être opposée aux tiers. Ceux-ci en ont ignoré l'existence et ils n'ont pu connnaître que les dispositions contenues dans l'acte authentique : la contre-lettre ne doit donc pas leur nuire. Ainsi, Paul a vendu à Pierre sa maison par acte

authentique portant que le prix a été payé comptant ;
Pierre a vendu ensuite cette maison à Jacques : Paul
ne peut pas opposer à Jacques une contre-lettre portant que la vente qu'il a faite à Pierre est simulée ou
que le prix n'en a pas été payé.

II. — *Qu'est-ce que l'acte sous seing privé?*

L'acte sous seing privé est celui qui est rédigé sans
l'intervention d'officier public et qui est signé par l'o-
bligé ou par les obligés.

*L'acte sous seing privé peut-il être rédigé sur papier
libre?*

Oui, l'acte sous seing privé peut être rédigé sur papier libre ; mais il est prudent de le rédiger sur papier
timbré. En effet, lorsqu'on fait enregistrer l'acte mis
sur papier libre, notamment afin de le produire en justice, il faut payer une amende de 50 francs.

*L'acte sous seing privé produit-il entre les parties et
leurs héritiers le même effet que l'acte authentique?*

Oui, l'acte sous seing privé produit entre les parties
le même effet que l'acte authentique, lorsque sa sincérité est reconnue.

*Qu'arrive-t-il si le débiteur nie sa signature apposée
sur un acte sous seing privé ou si ses héritiers méconnaissent la signature de leur auteur?*

Si le débiteur nie sa signature apposée sur un acte
sous seing privé ou si ses héritiers la méconnaissent,
le créancier qui veut faire valoir son acte doit alors agir,
devant le tribunal, en vérification d'écriture.

*Quelle forme est requise pour la validité de l'acte sous
seing privé destiné à constater un contrat synallagmatique?*

Pour la validité de l'acte sous seing privé destiné à
constater un contrat synallagmatique, il faut qu'il y ait
autant d'originaux qu'il existe de parties ayant un intérêt distinct, et que chaque original contienne la men-

tion des doubles et soit signé par toutes les parties. Il est nécessaire, en effet, que les parties soient dans une position égale, et que chacune d'elles puisse faire valoir ses droits.

Quelle forme est requise pour l'acte unilatéral?

L'acte unilatéral est rédigé ordinairement en un seul original qui est remis au créancier. Le débiteur écrit cet original et il le signe ; ou bien, si l'original n'est pas écrit par lui, il y met de sa main un *bon* ou *approuvé* portant en toutes lettres la somme ou la quantité de la chose due, et il y appose sa signature.

Si la somme portée dans le corps de l'acte n'est pas la même que celle qui est dans le bon, quelle est celle qui sera due?

Quand la somme portée au corps de l'acte diffère de celle qui est portée au bon, s'il n'apparaît pas de quel côté est l'erreur, la dette est présumée être de la somme moindre.

La règle portant que, dans l'acte unilatéral, le bon ou approuvé est nécessaire quand le débiteur n'a pas écrit lui-même l'original, a-t-elle des exceptions?

Oui ; la règle que le bon ou approuvé est nécessaire quand le débiteur n'a pas écrit entièrement de sa main l'original, ne s'applique ni aux marchands, ni aux artisans, laboureurs, vignerons, gens de service et de journée : pour éviter à ces personnes des lenteurs et des frais, la loi n'exige que leur signature.

La simple signature de la femme dont le mari a l'une des professions dispensées du bon ou approuvé, est-elle aussi suffisante?

Non ; si la femme mariée n'a pas elle-même l'une des professions dispensées du bon ou approuvé, son bon ou approuvé devient nécessaire dans l'acte unilatéral qu'elle n'a pas entièrement écrit.

L'acte sous seing privé fait-il, comme l'acte authenti que, foi de sa date?

L'acte sous seing privé fait, comme l'acte authentique, foi de sa date entre les parties et leurs héritiers ; mais il n'acquiert date certaine à l'égard des tiers que par l'enregistrement, par le décès de l'un des signataires, ou par la mention de sa substance dans un acte authentique.

III. — *N'y a-t-il pas, outre les actes authentiques et sous seings privés, d'autres écrits jouissant de quelque force probante?*

Oui, des écrits autres que les actes authentiques et sous seings privés jouissent de quelque force probante. Ainsi, les tailles corrélatives à leurs échantillons font foi entre les personnes qui ont coutume de constater par ce moyen les fournitures, par exemple celles de pain ou de viande. En outre, les livres des marchands font foi contre eux ; ils ont aussi en leur faveur quelque force quand ils sont tenus régulièrement, car ils autorisent le juge à leur déférer le serment appelé supplétoire. Enfin, l'écriture mise par le créancier au dos, à la suite ou en marge de son titre, fait foi lorsqu'elle tend à prouver la libération du débiteur, alors même qu'elle n'est ni signée ni datée.

II. PREUVE TESTIMONIALE. — *Qu'est-ce que la preuve testimoniale?*

La preuve testimoniale est celle qui résulte de la déposition de personnes, présentes au fait qu'il s'agit de démontrer.

La loi accorde-t-elle la même foi à la preuve testimoniale qu'à la preuve littérale?

Non ; comme la loi craint la subornation de témoins, elle n'admet pas la preuve testimoniale au-dessus de la somme ou valeur de 150 francs.

La preuve testimoniale est-elle admise pour prouver contre et outre ce qui est contenu dans l'acte écrit?

Non ; l'écrit fait une foi entière, la preuve testimoniale ne peut en rien l'ébranler, même quand il s'agit de moins de 150 francs.

Le créancier qui réclame, par exemple, 151 fr. se composant de dettes différentes ou des intérêts réunis au capital, est-il admis à prouver sa demande par témoins?

Non ; le créancier demande alors une somme supérieure à 150 francs : il n'est pas admis à fournir la preuve testimoniale de sa demande, lors même qu'il restreindrait ensuite sa prétention à une somme inférieure à 150 francs.

Celui qui a prêté, en présence de témoins, 100 fr. et ensuite 60 fr. à la même personne, et qui demande 100 fr., peut-il ensuite former une nouvelle demande pour 60 fr.?

Non, le créancier qui a prouvé par témoins le prêt de 100 francs, ne peut plus, par le même moyen, prouver le prêt de 60 francs ; en effet, les demandes qui ne sont pas entièrement justifiées par écrit doivent, sous peine de déchéance à l'égard de celles qui sont omises, être toutes contenues dans le même exploit d'assignation.

La règle que la preuve testimoniale n'est pas admise au-dessus de 150 fr., souffre-t-elle des exceptions?

Oui, la preuve testimoniale est admise, quelle que soit la valeur réclamée, dans les quatre cas suivants : 1° s'il existe un commencement de preuve par écrit émané du débiteur et rendant vraisemblable le fait allégué ; 2° s'il s'agit de dépôt nécessaire, c'est-à-dire fait soit en cas d'incendie, ruine, naufrage ou tumulte, soit par un voyageur logeant dans un hôtel ou dans une auberge ; 3° s'il s'agit d'affaire commerciale ; 4° enfin, s'il s'agit de quasi-contrats, de délits ou de quasi-délits.

III. PRÉSOMPTIONS. — *Qu'est-ce qu'une présomption?*

Une présomption est la conséquence que la loi ou le magistrat tire d'un fait connu à un fait inconnu.

Combien y a-t-il de sortes de présomptions?

Il y a deux sortes de présomptions : les présomptions égales et les présomptions judiciaires.

Qu'est-ce que la présomption légale?

La présomption légale est celle que la loi attache à certains actes ou à certaines circonstances. Ainsi, le débiteur qui possède le titre de créance est présumé libéré ; le possesseur d'une chose en est présumé propriétaire ; la chose jugée est présumée vraie.

Quand le demandeur peut-il être repoussé par l'exception tirée de la chose jugée?

Le demandeur peut être repoussé par l'exception tirée de la chose jugée, lorsque le nouveau procès qu'il veut intenter renferme tous les éléments de celui qui a été jugé, c'est-à-dire lorsque la chose demandée est la même, qu'elle est fondée sur la même cause, qu'elle se forme entre les mêmes parties et que les parties agissent en la même qualité.

Qu'est-ce que la présomption judiciaire?

La présomption judiciaire est celle qui est abandonnée aux lumières du juge.

Le juge peut-il toujours baser sa sentence sur des présomptions?

Non ; pour que les présomptions puissent servir de base à la sentence du juge, il faut qu'elles soient graves, précises et concordantes, et qu'il s'agisse de matière où la loi admet la preuve testimoniale.

IV. Aveu. — *Qu'est-ce que l'aveu?*

L'aveu est la reconnaissance faite par une partie que la prétention de son adversaire est juste.

Combien y a-t-il de sortes d'aveu?

Il y a deux sortes d'aveu : 1° l'aveu extrajudiciaire, c'est-à-dire fait hors de la présence du juge ; 2° l'aveu judiciaire, c'est-à-dire fait devant le juge.

Est-on toujours admis à prouver en justice, à l'aide de témoins, l'existence de l'aveu extrajudiciaire purement verbal?

Non ; la preuve testimoniale de l'aveu extrajudiciaire n'est pas admise au-dessus de la valeur de 150 fr.

Celui qui invoque l'aveu de son adversaire peut-il le diviser, c'est-à-dire prendre ce qui lui est favorable, et repousser ce qui lui est défavorable?

Non : si quelqu'un veut se prévaloir de l'aveu de son adversaire, il faut qu'il l'accepte pour le tout, car l'aveu est indivisible.

V. SERMENT. — *Qu'est-ce que le serment?*

Le serment est l'acte par lequel une personne prend Dieu à témoin de la vérité du fait qu'elle atteste.

Combien y a-t-il de sortes de serment?

Il y a deux sortes de serment : le serment extrajudiciaire et le serment judiciaire.

Peut-on prouver par témoins l'existence du serment extrajudiciaire?

Oui, on peut prouver par témoins l'existence du serment extrajudiciaire ; mais seulement lorsqu'il s'agit de valeur n'excédant pas 150 fr.

Combien y a-t-il de sortes de serment judiciaire?

Il y a deux sortes de serment judiciaire, qui sont : le serment décisoire, c'est-à-dire déféré par une partie à l'autre, et le serment déféré d'office par le juge à l'une des parties.

Le serment décisoire peut-il être déféré par chacune des parties, dans toute espèce de contestation, et en tout état de l'instance?

Oui, chaque partie peut toujours déférer, en tout état de l'instance, le serment à son adversaire, mais seulement sur un fait qui lui est personnel.

Dans quel cas recourt-on au serment décisoire?

On recourt au serment décisoire lorsque l'on a confiance dans la loyauté de son adversaire et que l'on manque de toute autre preuve triomphante.

Quelle est la conséquence du serment déféré?

Si la partie à laquelle le serment est déféré jure, elle gagne son procès ; tandis qu'elle le perd si elle refuse de jurer, car il y a présomption que son refus a pour cause la crainte d'un faux serment. Elle peut cependant référer le serment à son adversaire.

Lorsque le serment a été prêté, celui qui l'a déféré est-il admis à en prouver la fausseté?

Non, celui qui a déféré le serment n'est pas admis à en prouver la fausseté ; car il est intervenu entre les parties une sorte de transaction sur laquelle il n'est pas possible à l'une d'elles de revenir. Mais celui qui a fait un faux serment peut être poursuivi par la voie criminelle.

Dans quel cas le juge défère-t-il d'office le serment?

Le juge défère d'office le serment à l'une des parties dans deux cas : 1° lorsque la demande n'est pas entièrement prouvée et qu'elle n'est pas complétement dénuée de preuve : le serment est alors appelé *supplétoire*, parce qu'il supplée à l'insuffisance de la preuve ; 2° lorsqu'il est impossible au juge d'estimer la chose réclamée ; mais alors le juge fixe la somme jusqu'à concurrence de laquelle la partie sera crue : ce serment est appelé *estimatoire*.

TITRE IV. — Des engagements qui se forment sans convention.

Le contrat est-il la source unique des obligations?

Non. Le contrat est la source principale des obligations ; mais il existe encore quatre autres sources, qui sont : la loi, le quasi-contrat, le délit et le quasi-délit.

I. — Quelles sont les obligations légales, c'est-à-dire naissant par l'autorité seule de la loi?

La loi oblige les ascendants et les descendants à se fournir réciproquement des aliments ; elle oblige aussi le tuteur à gérer les biens du pupille confié à sa garde, et les propriétaires de fonds contigus à contribuer aux frais de bornage de leurs propriétés.

II. — Qu'est-ce que le quasi-contrat?

Le quasi-contrat est un fait licite et volontaire qui oblige envers un tiers celui duquel il émane, et qui produit quelquefois des obligations réciproques.

Quels sont les principaux quasi-contrats?

Les principaux quasi-contrats sont : la gestion d'affaires et le payement d'une chose indue.

Qu'est-ce que la gestion d'affaires?

La gestion d'affaires est le fait par lequel une personne s'immisce volontairement dans les affaires d'une autre qui ne lui a pas donné de mandat.

A quoi s'oblige le gérant d'affaires?

Le gérant d'affaires contracte l'obligation : 1° de continuer la gestion de l'affaire dans laquelle il s'est immiscé, jusqu'à ce que le propriétaire, qui est ordinairement dans un lieu éloigné, soit en état d'y pourvoir lui-même ; 2° d'apporter à l'affaire les soins d'un bon père de famille ; 3° enfin, de rendre au propriétaire compte de sa gestion.

Le propriétaire ne devient-il pas lui-même fréquemment obligé envers le gérant d'affaires?

Oui, le propriétaire est tenu d'indemniser le gérant d'affaires des engagements que celui-ci a personnellement formés à raison de sa gestion, et de lui rembourser ses dépenses nécessaires et même ses dépenses utiles jusqu'à concurrence de la valeur dont il profite.

*Sur quel principe repose l'obligation résultant du paye-
ment indû?*

L'obligation résultant du payement indû repose sur
le principe que personne ne doit s'enrichir aux dépens
d'autrui : si celui qui a reçu à titre de payement une
chose non due ne la restituait pas, il violerait ce principe de justice et d'équité.

*Celui qui a reçu un payement indû est-il tenu de resti-
tuer, avec la chose, les intérêts ou autres fruits?*

Celui qui a reçu un payement indû n'est tenu de restituer les fruits de la chose que si cette chose a été
reçue par lui de mauvaise foi.

*Celui qui restitue une chose indûment reçue a-t-il droit
au remboursement de ses dépenses?*

Oui, celui qui restitue la chose qu'il a reçue indûment a droit au remboursement de ses dépenses nécessaires et utiles, alors même qu'il serait de mauvaise
foi.

III. — *Qu'est-ce que le délit?*

Le délit est l'acte illicite qui cause du préjudice à
autrui et qui est fait par une personne ayant l'intention
de nuire.

IV. — *Qu'est-ce que le quasi-délit?*

Le quasi-délit est l'acte illicite qui cause du préjudice
à autrui, mais qui est fait sans intention de nuire. Ainsi,
en matière civile, c'est l'intention de l'agent qui fait distinguer le délit du quasi-délit.

*L'intention de nuire ne détermine-t-elle pas le juge à
fixer plus haut la somme des dommages-intérêts?*

Oui; de même que le dol dans les contrats, l'intention
de nuire dans les faits illicites contribue à faire fixer plus
haut la somme des dommages-intérêts.

*Celui qui cause du préjudice à autrui est-il toujours
tenu de le réparer?*

Oui, celui qui cause du préjudice à autrui est toujours

tenu de le réparer lorsqu'il existe de sa part une simple faute, quelque petite qu'elle soit. Sous le nom de *faute*, on comprend la négligence, l'imprudence, l'impéritie et même la faiblesse.

Celui qui laisse incendier une maison, tuer ou noyer une personne, est-il civilement responsable?

Non : quelque coupable que puisse être, au point de vue moral, l'inaction de celui qui laisse s'accomplir un meurtre ou un autre grand malheur, cette inaction ne suffit pas pour faire naître contre lui une action en dommages-intérêts, la loi civile n'imposant, en général, à personne l'obligation de veiller aux biens ou à la personne d'autrui.

La responsabilité de chacun est-elle limitée à ses faits personnels?

Oui, en règle générale, personne ne répond que de ses propres faits ; mais cette règle souffre des exceptions, car on est responsable du fait de certaines personnes et du préjudice causé par les choses que l'on a sous sa garde.

Quelles sont les personnes dont on répond?

Le père, ou la mère après le décès de son mari, répond du dommage causé par ses enfants mineurs habitant avec lui. Les instituteurs et les artisans répondent du dommage causé par leurs élèves ou apprentis, tandis qu'ils les ont sous leur surveillance. Les maîtres et les commettants répondent du dommage que leurs domestiques ou commis ont causé dans l'exercice de leurs fonctions.

Celui qui est responsable du fait d'un autre échappe-t-il à la responsabilité s'il prouve qu'il n'a pu empêcher le préjudice?

En prouvant qu'il n'a pu empêcher le préjudice, le père, la mère, l'instituteur ou l'artisan échappe à la responsabilité ; mais c'est en vain que les maîtres et les commettants feraient une pareille preuve, parce qu'ils sont en faute d'avoir mal choisi leurs préposés.

Le mari répond-il du fait de sa femme, et le tuteur du fait de son pupille?

Non, le mari ne répond point du fait de sa femme, ni le tuteur du fait de son pupille, à moins qu'il ne soit prouvé qu'ils sont eux-mêmes personnellement en faute. Toutefois, la responsabilité civile du mari et du tuteur existe dans certains cas prévus par la loi, notamment en matière forestière et en matière de délits de pêche et de chasse.

La loi ne donne-t-elle pas des exemples de responsabilité à raison des choses que l'on a sous sa garde?

Oui, la loi donne deux exemples de responsabilité à raison des choses que l'on a sous sa garde. 1° Le propriétaire d'un animal, ou celui qui s'en sert pendant qu'il est à son usage, est responsable du préjudice que l'animal a causé, soit que l'animal fût sous sa garde, soit qu'il fût égaré ou échappé. 2° Le propriétaire d'un bâtiment est responsable du dommage causé par sa ruine, lorsque cette ruine est arrivée par défaut d'entretien ou par vice de construction.

TITRE V. — Du contrat de mariage et des droits respectifs des époux.

Dispositions préliminaires.

Le mariage diffère-t-il du contrat de mariage?

Oui. Le mariage civil se célèbre devant le maire, et le mariage religieux devant le ministre du culte ; ils produisent tous deux des droits et des devoirs qui sont d'ordre public et que les parties ne peuvent point modifier. Tandis que le contrat de mariage, lorsqu'il déroge à la communauté légale, est passé devant notaire ; il règle les intérêts pécuniaires des époux, leur association quant aux biens ; enfin, les futurs époux ont la plus grande latitude pour l'adoption du régime de leur association et des clauses qui leur conviennent.

Qu'entend-on par régime matrimonial?

On entend par régime matrimonial un ensemble de règles sur l'administration des biens des époux et sur la contribution de chacun d'eux aux charges du mariage.

En combien de régimes divise-t-on les divers contrats de mariage?

On divise les divers contrats de mariage en quatre régimes, qui sont : 1° le régime de communauté légale ou conventionnelle; 2° le régime sans communauté; 3° le régime de séparation de biens; 4° enfin, le régime dotal.

Quel est le régime le plus fréquent?

Le régime le plus fréquent est celui de la communauté : il constitue en France une règle générale; tous les époux qui n'ont pas cru devoir faire les frais d'un contrat notarié sont censés avoir voulu accepter toutes les dispositions de la communauté légale.

Le régime de la communauté est-il bien ancien?

Oui; le régime de la communauté remonte aux premiers âges de la monarchie française.

Où le régime de la communauté a-t-il pris naissance?

Le régime de la communauté a pris naissance sur le sol français : il est donc d'origine nationale.

Le régime de la communauté est-il plus conforme que les autres régimes à la constitution religieuse de l'union conjugale?

Oui, le régime de la communauté, qui a été la source principale de l'unité, de la prospérité et de la grandeur de la nation française, et qui est parfaitement en harmonie avec les principes de la plus sublime philosophie, est aussi plus conforme que les autres régimes à la constitution religieuse de l'union conjugale.

Pourquoi le régime de la communauté est-il plus con-

*forme que les autres régimes à la constitution religieuse
de l'union conjugale?*

Le régime de la communauté est plus conforme que
les autres régimes à la constitution religieuse de l'union
conjugale, parce que c'est seulement dans ce régime
que l'on distingue trois patrimoines qui demeurent de
visibles emblèmes des trois personnes résultant du mariage : 1° il y a le patrimoine de la communauté, qui
est l'emblème de l'unité de chair des époux ; 2° il y a le
patrimoine du mari, qui est l'emblème de sa personnalité atteinte, mais non anéantie par l'unité conjugale,
car le mari conserve intacts ses rapports et ses droits
de famille ; 3° enfin, il y a le patrimoine de la femme,
qui est l'emblème de sa personnalité atteinte, mais non
anéantie par l'unité conjugale ni par le mari, car la
femme conserve, de même que le mari, ses rapports et
ses droits de famille.

*Les règles sur l'administration des biens sont-elles,
dans le régime de la communauté, en harmonie avec les
rapports que la religion établit entre les époux?*

Oui ; dans le régime de la communauté, les règles
sur l'administration des biens sont en harmonie parfaite
avec les rapports établis par la religion entre les époux,
car le mari, qui est constitué par la religion le chef de
la femme et de la famille, est investi par la loi de l'administration des trois patrimoines.

*Le mari exerce-t-il l'administration des trois patri-
moines dans son intérêt unique?*

Non ; tous les bénéfices que le mari fait dans l'administration des trois patrimoines profitent à la communauté, et la moitié des biens qui composent cette communauté appartiendra, lors de la dissolution du mariage,
à la femme qui est une associée égale au mari, ou, si
elle prédécède, à ses héritiers.

*L'association égale des époux contribue-t-elle au main-
tien de leur union et à la prospérité de leurs affaires?*

Oui, l'épouse qui a dans les bénéfices communs autant de droits que le mari, se trouve par là élevée à un honneur qui la constitue la gardienne du foyer domestique, excite sa tendresse envers son mari et ses enfants et l'engage à faire prospérer, par ses conseils et par une sage économie, les affaires de la communauté.

La manière dont fonctionne la communauté est-elle une image de l'accomplissement des devoirs égaux que les père et mère doivent remplir envers leurs enfants?

Oui, la manière dont fonctionne la communauté est une parfaite image de l'accomplissement des devoirs égaux des père et mère envers leurs enfants. En effet, comme les bénéfices quotidiens des époux et les revenus de leurs immeubles propres tombent dans la communauté qui supporte toutes les charges du ménage, les enfants reçoivent ainsi chaque jour également de leurs père et mère, se confondant à leurs yeux dans l'unité, les bienfaits de leur nourriture, de leur entretien, de leur éducation et de leur établissement.

Que faut-il faire quand on veut modifier quelques règles du régime de la communauté légale, ou quand on veut adopter un autre régime?

Pour modifier le régime de la communauté légale ou pour adopter un autre régime, il faut, avant la célébration du mariage, faire rédiger en minute un contrat de mariage par un notaire, en présence de deux témoins.

Le mineur qui se marie peut-il aussi faire rédiger par notaire son contrat de mariage?

Oui, le mineur qui se marie peut faire rédiger par notaire son contrat de mariage, mais il doit être assisté des personnes dont le consentement est nécessaire pour son mariage.

Donne-t-on quelque publicité au contrat de mariage?

Oui : d'après une loi de 1850, le maire est tenu d'insérer dans l'acte de célébration du mariage s'il a été dressé un contrat de mariage et quel notaire l'a reçu, afin que les époux ne puissent point, par de fausses déclarations touchant le régime de leur association quant aux biens, tromper un tiers vigilant sur leur capacité de s'obliger et sur les garanties qu'ils offrent de l'exécution de leurs engagements.

CHAPITRE Ier. — DU RÉGIME DE LA COMMUNAUTÉ.

Combien y a-t-il de sortes de communauté?

Il y a deux sortes de communauté : 1° la communauté légale, qui se compose de toutes les règles exprimées dans le paragraphe suivant; 2° la communauté conventionnelle, ainsi appelée parce que les parties insèrent dans leur contrat de mariage quelques dérogations à la communauté légale.

§ 1er. — De la communauté légale.

Quand la communauté légale existe-t-elle entre les époux?

La communauté légale existe entre les époux lorsqu'ils n'ont pas fait rédiger, avant leur mariage, un contrat notarié, ou qu'ils ont adopté purement et simplement cette communauté dans leur contrat notarié.

I. DIVERS PATRIMOINES. — *Combien y a-t-il de personnes et de patrimoines dans l'union des époux avec régime de la communauté légale?*

Dans l'union des époux avec régime de la communauté légale, il y a trois personnes, qui sont la personne civile de la communauté, la personne du mari et la personne de la femme. Il existe par conséquent aussi trois patrimoines.

La personne et le patrimoine des époux unis dans la

communauté légale éprouvent-ils quelques modifications par le fait du mariage?

Oui, la personne et le patrimoine des époux unis dans la communauté légale sont modifiés par le fait du mariage. En effet, à partir de la célébration de leur union, les époux ne peuvent plus faire de gains ni de bénéfices qui leur soient personnels; leurs patrimoines ne se composent plus que d'immeubles, car les meubles qu'ils avaient lors de leur mariage, ceux qu'ils acquièrent depuis et les fruits de leurs immeubles propres tombent dans la communauté.

II. Composition de la communauté. — *La communauté, qui constitue une personne et qui a un patrimoine propre, n'a-t-elle pas un actif et un passif?*

Oui; la communauté se trouve dans la même condition que toute autre société, que toute autre personne; par conséquent elle a en propre un actif et un passif.

1. — *De quoi la communauté se compose-t-elle activement?*

La communauté se compose activement : 1° de tous les meubles, corporels ou incorporels, qu'avaient les époux lors de la célébration de leur union ou qui leur adviennent pendant le mariage; 2° des gains que font les époux et des fruits de leurs patrimoines; 3° des immeubles acquis pendant le mariage.

Celui qui donne entre-vifs ou par testament des meubles à l'un des époux ne peut-il pas dire valablement que ces meubles resteront propres à cet époux?

Oui; l'auteur de la libéralité peut empêcher les meubles qu'il donne à l'un des époux de tomber dans la communauté; celle-ci aura seulement, dans ce cas, la jouissance des meubles donnés ou légués à l'époux.

A quelle époque la communauté acquiert-elle les fruits des biens propres aux époux?

La communauté acquiert les fruits naturels et industriels des biens propres aux époux lorsqu'elle les perçoit, et elle acquiert les fruits civils jour par jour.

Si le mari ne fait pas la coupe d'une forêt qui appartient à sa femme ou à lui-même, la communauté, maintenant dissoute, est-elle privée à cet égard de tout droit?

Non, la communauté n'est pas privée de tout droit sur la coupe qui aurait dû se faire pendant le mariage. On déroge ici aux règles ordinaires de l'usufruit, parce qu'il ne doit pas dépendre de la négligence ou de la volonté du mari, qui administre tous les biens, d'enrichir l'un des patrimoines aux dépens d'un autre patrimoine. En conséquence, l'époux propriétaire de la forêt doit à la communauté le prix de la coupe qui aurait été faite si l'ordre des aménagements eût été observé.

A qui sont présumés appartenir les biens administrés par le mari?

Les biens administrés pas le mari sont présumés appartenir tous à la communauté, parce qu'elle les possède et en perçoit les fruits. Toujours, en effet, celui qui possède une chose est censé la posséder pour soi et à titre de propriétaire, à moins que le contraire ne soit prouvé.

Que doit prouver l'époux qui se prétend propriétaire d'un immeuble possédé par la communauté?

L'époux qui se prétend propriétaire d'un immeuble possédé par la communauté doit prouver qu'il était propriétaire ou possesseur de l'immeuble avant le mariage, ou bien qu'il en a acquis la propriété pendant le mariage par succession, par donation ou legs, par échange contre un de ses immeubles propres, par avancement d'hoirie de la part d'un ascendant, ou par adjudication sur licitation de l'immeuble dont il était propriétaire par indivis.

Le conjoint qui devient propriétaire d'un immeuble par avancement d'hoirie, par licitation ou autrement, et qui, d'après l'acte est redevable d'une certaine somme, ne doit-il pas une récompense à la communauté qui paye cette somme?

Oui; le conjoint qui devient propriétaire d'un immeuble doit rembourser à la communauté ce qu'elle a déboursé à cause de cette acquisition, car il ne doit pas s'enrichir aux dépens d'autrui.

II. — *De quoi la communauté se compose-t-elle passivement?*

La communauté se compose passivement : 1° des dettes mobilières qu'avaient les époux lors de la célébration de leur union, sauf récompense pour celles qui avaient pour cause un immeuble propre à l'un des époux ; 2° des dettes contractées pendant le mariage par le mari ou par la femme autorisée de son mari ; 3° des intérêts et arrérages des dettes qui restent personnelles aux époux parce qu'elles concernent leurs immeubles ; 4° des réparations usufructuaires des immeubles des époux ; 5° des aliments des époux, de l'éducation et entretien des enfants et de toute autre charge du mariage.

Quand le créancier de la femme a un écrit qui n'a pas date certaine antérieurement au mariage, sur quels biens peut-il se faire payer?

Lorsque le créancier de la femme a un écrit qui n'a pas date certaine antérieurement au mariage, comme rien ne prouve, à l'égard du mari et de la communauté qui sont des tiers, que la dette n'a pas été contractée pendant le temps où la femme était incapable de s'obliger, le créancier ne pourra se faire payer que sur la nue propriété des immeubles de la femme.

Quand des successions, donations et legs adviennent à l'un des époux, par qui sont supportées les dettes qui y sont attachées?

Pour savoir par qui sont supportées les dettes des successions et des libéralités advenues à l'un des époux, il s'agit d'examiner si les successions ou les libéralités sont mobilières, immobilières ou mixtes, c'est-à-dire composées de meubles et d'immeubles.

Par qui sont supportées les dettes d'une succession mobilière échue à l'un des époux?

Comme la communauté acquiert tout l'actif de la succession mobilière échue à l'un des époux, elle en supporte toutes les dettes.

Par qui sont supportées les dettes d'une succession immobilière échue à l'un des époux?

Comme l'époux qui devient héritier acquiert tout l'actif de la succession immobilière, il en supporte aussi toutes les dettes.

Par qui sont supportées les dettes d'une succession mixte, c'est-à-dire composée d'immeubles et de meubles?

L'époux qui succède acquiert les immeubles de la succession mixte, et la communauté acquiert les meubles; en conséquence, les dettes se partagent entre l'époux héritier et la communauté proportionnellement à la valeur des biens que chacun recueille. Le mari doit alors faire inventaire des meubles.

Sur quels biens les créanciers héréditaires peuvent-ils poursuivre leur payement, quand le mari accepte purement et simplement une succession qui lui est échue?

Quand la succession est échue au mari, les créanciers héréditaires ont le droit de poursuivre leur payement sur les biens du mari et sur ceux de la communauté.

Sur quels biens les créanciers héréditaires peuvent-ils se faire payer quand la femme accepte purement et simplement une succession qui lui est échue?

Si la femme accepte une succession avec autorisation du mari, les créanciers héréditaires peuvent se faire payer tant sur les biens de la femme que sur ceux du mari et de la communauté; toutefois, ils ne peuvent se faire payer que sur la pleine propriété des biens de la femme, quand il s'agit d'une succession immobilière.

Si la femme, à défaut de l'autorisation de son mari, a été autorisée par justice à l'acceptation, les créanciers héréditaires ne peuvent se faire payer que sur les biens de la succession et sur la nue propriété des immeubles de la femme.

III. ADMINISTRATION DE LA COMMUNAUTÉ. — *Par qui la communauté est-elle administrée?*

La communauté est administrée par le mari, parce que c'est lui qui a principalement le devoir de veiller au salut et à la prospérité des membres de sa famille dont il est le chef.

Quels sont les pouvoirs du mari sur les biens de la communauté?

Le mari a des pouvoirs très-étendus sur les biens de la communauté : il peut non-seulement administrer à son gré les biens de cette communauté, mais il peut encore hypothéquer les immeubles et les aliéner à titre onéreux ; il peut même aliéner les meubles à titre gratuit, pourvu qu'il ne s'en réserve pas l'usufruit. Mais il ne peut aliéner les immeubles de la communauté à titre gratuit que pour l'établissement des enfants communs.

Le mari peut-il léguer un immeuble de la communauté?

Oui, le mari peut léguer valablement un immeuble de la communauté ; le légataire obtiendra l'immeuble même ou sa valeur, selon que cet immeuble tombera ou non dans le lot des héritiers du mari.

Par qui sont administrés les biens personnels de la femme?

Les biens personnels de la femme sont administrés par le mari.

Quels pouvoirs le mari a-t-il sur les biens personnels de la femme?

Le mari a sur les biens de la femme les pouvoirs d'un administrateur ordinaire ; il peut, notamment, passer des baux de neuf ans et les renouveler dans les trois ans ou dans les deux ans qui précèdent leur expiration, selon qu'il s'agit de baux ruraux ou de baux de maisons. Il peut aussi exercer les actions mobilières et les actions immobilières possessoires, et même, dans l'intérêt de la communauté, revendiquer le droit d'usufruit des immeubles de sa femme.

La femme a-t-elle aussi le droit d'administrer les biens de la communauté?

Non, le mari est seul administrateur de la communauté. Toutefois, la femme est censée mandataire du mari pour les affaires du ménage et le règlement des fournitures de la maison ; par de tels actes, ce n'est pas elle-même, mais c'est le mari et la communauté qu'elle oblige.

La femme peut-elle engager les biens de la communauté?

La femme non autorisée de son mari ne peut engager les biens de la communauté que dans deux cas et seulement avec autorisation de justice : 1° pour tirer le mari de prison ; 2° pour doter les enfants communs, en cas d'absence du mari.

Quels sont les pouvoirs de la femme sur ses biens propres?

La femme mariée est frappée d'incapacité ; elle ne peut valablement engager ni sa personne ni ses biens sans l'autorisation de son mari ou de justice.

Sur quels biens le créancier qui a traité avec la femme dûment autorisée peut-il poursuivre son payement?

Si la femme qui a formé un engagement a été autorisée par son mari, le créancier peut poursuivre son payement intégral, à son gré, sur les biens de la femme, sur ceux du mari et sur ceux de la communauté. Si, au contraire, la femme a été autorisée de justice, le créancier ne peut agir que sur la nue propriété des biens personnels de la femme.

Par qui est supportée la dette contractée par la femme autorisée de son mari?

Toutes les fois que la femme s'oblige avec autorisation de son mari, la dette est supportée par la communauté, s'il n'apparaît pas qu'elle ait été contractée dans l'intérêt personnel de l'un des époux.

Quelles sont les conséquences de l'autorisation que le mari donne à sa femme de faire le commerce?

L'autorisation que le mari donne à sa femme de faire le commerce a pour conséquence d'autoriser celle-ci d'une manière générale à s'obliger, à aliéner ses immeubles et à les hypothéquer pour les besoins du commerce.

Quand l'un des époux vend un de ses immeubles, la communauté devient-elle propriétaire du prix payé?

Oui, la communauté devient propriétaire du prix payé par l'acheteur d'un immeuble propre à l'un des époux ; mais personne ne pouvant s'enrichir aux dépens d'autrui, elle doit à cet époux une récompense du prix, tel qu'il est porté dans le contrat de vente.

Le droit à la récompense ne peut-il pas cesser pendant le mariage?

Oui, le droit à la récompense cesse pendant le mariage quand le conjoint qui a vendu son immeuble en acquiert un autre, à titre de remploi, avec le prix tombé de son chef dans la communauté.

Que doit l'époux sur le fonds duquel le mari a fait des améliorations avec l'argent de la communauté?

Si le mari a fait des améliorations sur son fonds, il doit à la communauté tout l'argent qu'il en a tiré ; s'il a fait des améliorations sur l'immeuble de la femme, celle-ci doit à la communauté une récompense jusqu'à concurrence seulement de la valeur dont son immeuble se trouve par là augmenté.

Les enfants qui se marient peuvent-ils contraindre leurs

père et mère à leur donner quelques valeurs pour se mettre en ménage?

Non, les enfants n'ont aucune action contre leurs père et mère pour obtenir un établissement par mariage ou autrement; mais ils en reçoivent ordinairement des dons par avancement d'hoirie.

Quelle part supporte chacun des père et mère qui constituent ensemble une dot à l'enfant commun?

Si la convention ne fixe pas les parts contributoires, chacun des père et mère supporte la moitié de la dot qu'ils ont constituée à leur enfant commun.

Le père qui constitue seul une dot à un enfant commun, est-il censé agir en son nom propre?

Oui, le père qui constitue seul une dot à l'enfant commun est censé agir en son nom propre ; toutefois, s'il avait constitué en dot des biens communs, il serait censé avoir agi au nom de la communauté qui, par suite, supporterait définitivement la dette de la dot.

La dot qui est constituée à l'un des époux est-elle une libéralité?

Oui, la dot est une libéralité, puisque personne n'est tenu de doter; cependant, comme cette constitution entre dans les conditions qui déterminent au mariage, elle a quelques rapports avec les actes à titre onéreux ; ainsi la dot n'est pas révocable pour cause d'ingratitude, et le constituant est garant des choses qu'il a données en dot.

Les sommes promises en dot produisent-elles de plein droit des intérêts?

Oui ; s'il n'y a pas de convention contraire, les sommes promises en dot produisent des intérêts de plein droit à partir du mariage, alors même qu'elles ne seraient exigibles qu'après un certain terme.

IV. DISSOLUTION DE LA COMMUNAUTÉ. — *Comment se dissout la communauté?*

La communauté se dissout de trois manières : 1° par le décès de l'un des époux ; 2° par la séparation de biens ; 3° par la séparation de corps, qui produit nécessairement la séparation de biens.

La loi n'impose-t-elle pas à l'époux survivant l'obligation de faire inventorier par un notaire les biens de la communauté ?

Oui, l'époux survivant est tenu de faire inventorier les biens de la communauté. S'il néglige de remplir cette obligation dans les trois mois du décès de son conjoint, il est privé de l'usufruit légal des biens de ses enfants mineurs ; en outre, les héritiers et les créanciers du conjoint décédé sont admis à prouver la consistance du mobilier par titres, par témoins et même par commune renommée.

Qu'est-ce que la séparation de corps ?

La séparation de corps est celle qui donne à la femme un domicile séparé de celui de son mari. Elle est fondée sur la violation essentielle par l'un des époux des obligations résultant du mariage.

Qu'est-ce que la séparation de biens ?

La séparation de biens est une ressource offerte à la femme pour mettre sa dot à l'abri de la mauvaise administration de son mari, lorsque celui-ci s'avance vers l'insolvabilité.

Les époux peuvent-ils convenir pendant le mariage qu'ils se ont séparés de biens ?

Non ; la convention dans laquelle les époux disent, pendant le mariage. qu'ils seront séparés de biens, ne produit aucun effet ; toute séparation doit être prononcée en justice, et être ensuite rendue publique.

La femme judiciairement séparée de biens peut-elle librement s'obliger et disposer de ses biens comme elle l'entend ?

Non ; par la séparation de biens, ou même de corps, la femme n'obtient que la libre administration de ses biens ; pour les actes dépassant les limites de cette administration, il lui faut l'autorisation de son mari ou de justice.

Les époux peuvent-ils valablement convenir que leur séparation judiciaire de biens ou de corps cessera?

Oui, les époux peuvent convenir valablement que leur séparation judiciaire cessera : la loi voit toujours avec faveur leur retour à la confiance mutuelle. Mais leur intention à cet égard doit être manifestée dans un acte notarié, qui est ensuite rendu public dans l'intérêt des tiers : ceux-ci, en effet, ont besoin d'être avertis que la capacité acquise par la femme d'administrer ses biens va cesser pour l'avenir.

V. ACCEPTATION DE LA COMMUNAUTÉ, ET RENONCIATION QUI PEUT Y ÈTRE FAITE. — *Quand la communauté est dissoute, le mari et la femme se trouvent-ils dans la même position?*

Non, lorsque la communauté est dissoute, les deux époux ne sont pas dans la même position. En effet, la loi accorde à la femme, ainsi qu'à ses héritiers, le droit d'accepter la communauté, ou d'y renoncer pour n'être pas tenue des dettes qui la grèvent ; tandis que le mari, ainsi que ses héritiers, succède nécessairement à la communauté.

N'y a-t-il pas des actes qui privent la femme de la faculté de renoncer à la communauté?

Oui, la femme est privée de la faculté de renoncer à la communauté dans les trois cas suivants : 1° si elle s'est immiscée dans les biens de la communauté dissoute, en faisant un acte dépassant les limites de la simple administration ; 2° si elle a pris dans un écrit le titre de femme commune ; 3° enfin, si elle a dérobé des biens de la communauté.

Y a-t-il présomption que la femme accepte la communauté?

Oui, il y a présomption que la femme accepte quand

la communauté est dissoute par le prédécès du mari ; mais cette présomption n'existe point en cas de séparation de biens ou de corps.

La loi n'impose-t-elle pas à la veuve l'obligation de faire inventaire des biens de la communauté ?

Oui, la veuve doit, dans les trois mois du décès de son mari, faire rédiger par notaire, en présence des héritiers du mari, un inventaire fidèle et exact des biens de la communauté. Elle doit aussi affirmer que cet inventaire est sincère et véritable.

Quelle peine encourt la veuve qui n'exécute pas dans les trois mois du décès de son mari l'obligation de faire inventaire ?

La veuve qui ne fait pas inventaire dans les trois mois du décès de son mari se trouve par là déchue de la faculté de renoncer à la communauté ; en outre, elle est privée de l'usufruit légal des biens de ses enfants mineurs, et les héritiers et créanciers du mari peuvent prouver contre elle la consistance du mobilier par toute sorte de moyens, même par la commune renommée.

La veuve qui a fait inventaire n'a-t-elle pas encore un délai pour délibérer sur le parti qu'elle prendra ?

Oui, de même qu'un héritier, la veuve a, pour délibérer, le délai de quarante jours, à partir de la confection de l'inventaire, ou, si l'inventaire n'a pas été fait, à partir des trois mois accordés pour sa confection.

Qu'arrive-t-il si la veuve meurt avant l'expiration des trois mois qui suivent le décès de son mari, et sans avoir fait inventaire ?

Quand la veuve meurt avant l'expiration des trois mois du décès de son mari, ses héritiers ont, à partir de son décès, un nouveau délai de trois mois pour faire inventaire. Si la veuve a fait inventaire et décède dans les quarante jours accordés pour délibérer, ses héritiers ont, à partir du décès, un nouveau délai de quarante jours pour délibérer.

La loi ne donne-t-elle pas à la veuve quelques avantages particuliers?

Oui ; déterminée par des sentiments d'humanité, la loi donne à la veuve : 1° le droit de prendre sur les biens de la communauté ce qui est nécessaire pour sa nourriture et son habitation pendant trois mois et quarante jours ; 2° le droit de réclamer aux héritiers du mari une somme suffisante pour ses habits de deuil ; 3° enfin, le droit de reprendre, si elle renonce à la communauté, les linges et hardes à son usage personnel.

I. — Quelles sont les opérations qui précèdent le partage de la communauté acceptée par la femme ou par ses héritiers?

Les opérations qui précèdent le partage de la communauté sont : 1° le rapport que fait chaque époux à la communauté des récompenses qu'il lui doit ; 2° les prélèvements.

Quelles choses les époux prélèvent-ils sur les biens de la communauté?

Chaque époux prélève sur les biens de la communauté : 1° les immeubles qui lui appartiennent en propre et ceux qu'il a acquis en remploi du prix de ses propres aliénés ; 2° le prix de ses immeubles aliénés, lorsqu'il n'en a pas été fait remploi ; 3° enfin, les indemnités qui lui sont dues par la communauté.

Quel est celui des époux qui exerce le premier ses prélèvements?

C'est la femme qui exerce d'abord ses prélèvements : elle les exerce sur l'argent, sur les meubles, et ensuite sur les immeubles de la communauté. Si les biens de la communauté sont insuffisants, elle exerce subsidiairement ses prélèvements sur les biens propres du mari, qui subit ainsi les conséquences désastreuses de son administration.

Lorsque les époux ont exercé leurs prélèvements, comment se partage l'actif corporel qui reste dans la communauté?

Après les prélèvements, l'actif corporel de la communauté se partage en deux parts égales, d'après les règles du partage des successions.

Les récompenses et indemnités dues par un époux à la communauté, ou par la communauté à l'un des époux, produisent-elles de plein droit des intérêts?

Oui, les récompenses et indemnités produisent de plein droit des intérêts à partir du jour de la dissolution de la communauté jusqu'au partage.

Si l'un des époux est, d'après l'acte de partage, créancier de son conjoint, sa créance produit-elle aussi des intérêts de plein droit?

Non; les intérêts des sommes dues par un époux à l'autre ne courent, après le partage de la communauté, qu'en vertu d'une convention ou d'une demande en justice.

Comment les époux contribuent-ils au payement des dettes de la communauté?

Comme les époux ont chacun la moitié de l'actif de la communauté, ils supportent aussi chacun la moitié des dettes. Toutefois, chaque époux supporte entièrement les dettes qui lui sont personnelles, c'est-à-dire celles qui sont relatives à ses propres.

La femme est-elle tenue de payer la moitié des dettes de la communauté, alors même que cette moitié dépasserait son émolument?

Oui, la femme est tenue, en général, de payer la moitié des dettes de la communauté. Mais si elle a eu soin de faire un inventaire, elle n'est tenue au payement des dettes communes, tant à l'égard du mari qu'à l'égard des créanciers, que jusqu'à concurrence de son émolument.

Quels sont les droits de poursuite des créanciers?

Si la dette a été contractée par la femme autorisée de son mari ou par les deux époux solidairement, le créancier peut demander le payement de toute sa créance à chacun des époux; dans les autres cas, il peut demander la totalité de la créance à l'époux qui s'est obligé, et la moitié seulement à l'autre époux.

II. — *Quels sont les effets de la renonciation de la femme à la communauté?*

Par sa renonciation, la femme perd tout droit sur les biens de la communauté, même sur ceux qui y sont tombés de son chef. Mais, d'un autre côté, elle est déchargée des dettes communes, tant à l'égard du mari qu'à l'égard des créanciers; elle peut cependant être poursuivie par le créancier envers lequel elle s'est personnellement obligée ; mais, lorsqu'il ne s'agit pas d'une dette relative à ses propres, elle a un recours contre son mari pour obtenir tout ce qu'elle a payé.

Quels sont les droits de la femme qui renonce à la communauté?

La femme qui renonce à la communauté a le droit de reprendre tout ce qu'elle eût prélevé en cas d'acceptation, savoir : 1° les immeubles qui lui appartiennent en propre et ceux qu'elle a acquis en remploi ; 2° le prix de ses immeubles aliénés dont il n'a pas été fait remploi; 3° enfin, les indemnités qui lui sont dues.

Sur quels biens la femme qui renonce exerce-t-elle ses reprises?

La femme qui renonce exerce ses reprises tant sur les biens de la communauté que sur ceux du mari.

La femme acceptante ou renonçante est-elle payée de ce qui lui est dû par préférence aux autres créanciers du mari?

La femme qui accepte la communauté ou qui y renonce a une hypothèque sur les immeubles de son mari ; mais elle n'a aucun droit de préférence sur les biens de la communauté, ni pour le prix de ses propres aliénés sans remploi, ni pour les indemnités qui lui sont dues.

§ 2. — De la communauté conventionnelle.

Qu'est-ce que la communauté conventionnelle?

La communauté conventionnelle est celle qui contient quelques dérogations, insérées dans le contrat de mariage, aux règles de la communauté légale.

La loi n'énonce-t-elle pas les clauses principales qui dérogent à la communauté légale?

Oui, la loi énonce les huit clauses principales qui dérogent à la communauté légale ; mais elle laisse à la liberté des parties la faculté d'établir toute espèce d'autres clauses, pourvu qu'elles ne soient contraires ni aux lois ni aux bonnes mœurs.

Quelle est la première des clauses que la loi énonce comme dérogeant à la communauté légale?

La première des clauses dérogeant à la communauté légale est la communauté réduite *aux acquêts*, c'est-à-dire aux gains que font les époux par leur travail et leur économie, et aux fruits de leurs meubles et immeubles propres.

En quoi la clause de communauté réduite aux acquêts déroge-t-elle à la communauté légale?

La clause de communauté réduite aux acquêts déroge à la communauté légale en ce qu'elle empêche le mobilier présent et futur des époux, tant actif que passif, de tomber définitivement dans la communauté.

Quelle est la seconde clause dérogeant à la communauté légale?

La seconde clause est celle *d'exclusion de communauté* de tout ou partie du mobilier appartenant aux époux. Elle est aussi appelée clause de *réalisation de propres*.

Quelle est la troisième clause?

La troisième clause est celle d'*ameublissement*, ainsi appelée parce qu'elle fait tomber dans la communauté des immeubles propres aux époux, comme les meubles y tombent sous l'empire de la communauté légale.

Le mari a-t-il sur les immeubles ameublis par la femme les mêmes pouvoirs que s'il les eût achetés au nom de la communauté?

Oui, le mari a sur les immeubles ameublis par la femme les mêmes pouvoirs que sur les autres immeubles de la communauté. Toutefois, si la femme ameublit un immeuble ou généralement ses immeubles jusqu'à concurrence d'une certaine somme, elle en conserve la propriété, et, dans ce cas, le mari a seulement le droit d'hypothéquer, jusqu'à concurrence de la somme convenue, les immeubles ameublis.

Quelle est la quatrième clause?

La quatrième clause est celle de *séparation de dettes.* Cette séparation résulte de la déclaration que font les époux, dans leur contrat de mariage, qu'ils payeront chacun leurs dettes antérieures au mariage, ou qu'ils sont francs et quittes de toutes dettes.

La clause portant que chacun des époux payera ses dettes antérieures au mariage, et celle par laquelle ils déclarent qu'ils sont francs et quittes de toutes dettes antérieures au mariage, ont-elles les mêmes effets?

Oui, la clause portant que chacun des époux payera ses dettes antérieures au mariage, et celle par laquelle ils déclarent qu'ils sont francs et quittes de toutes dettes antérieures au mariage, ont, en général, les mêmes effets; mais elles ont une différence : si les époux disent qu'ils payeront chacun leurs dettes, les intérêts de ces dettes sont supportées par la communauté; si, au contraire, les époux déclarent qu'il sont francs et quittes de toutes dettes, chacun d'eux supporte personnellement tous les intérêts de ses dettes antérieures au mariage.

Quelle est la cinquième clause?

La cinquième clause est celle de *reprise d'apport*. Par cette clause, la femme stipule que si elle renonce à la communauté, elle reprendra tout ou partie de son mobilier, franc et quitte de toute dette de la communauté ; mais alors elle déduit de la valeur de son mobilier qu'elle reprend, le montant des dettes tombées de son chef dans la communauté.

Quelle est la sixième clause?

La sixième clause est celle de *préciput*, qui existe si l'un des époux stipule qu'il prélèvera, avant partage, une certaine somme sur les biens de la communauté.

Quelle est la septième clause?

La septième clause est celle qui établit entre les époux des *parts inégales* dans la communauté, ou qui accorde toute la communauté au survivant des époux ou spécialement à l'un d'eux s'il survit.

Quelle est la huitième et dernière clause?

La huitième clause est celle de la communauté *à titre universel*. Par cette clause, les époux font tomber dans la communauté tous leurs biens présents et à venir, ou tous leurs biens présents, ou tous leurs biens à venir.

Dans les cas que le contrat notarié n'a point prévus, quelles règles applique-t-on?

Dans les cas que le contrat notarié n'a point prévus, on applique les règles de la communauté légale, notamment en ce qui concerne les pouvoirs du mari sur les biens de la communauté et sur ceux de la femme.

Les avantages qui résultent, au profit de l'un des époux,

les diverses dispositions du contrat de mariage, sont-ils considérés comme acquis à titre onéreux?

Oui, les avantages résultant du contrat de mariage au profit de l'un des époux sont acquis à titre onéreux. Cependant l'époux qui a des enfants d'un premier lit ne peut point réaliser au profit de son nouveau conjoint, par la confusion des meubles ou des immeubles, un bénéfice plus grand que la part d'un enfant légitime le moins prenant, et ce bénéfice ne peut même jamais excéder le quart de ses biens.

CHAPITRE II. — DU RÉGIME SANS COMMUNAUTÉ.

Qu'est-ce que le régime sans communauté?

Le régime sans communauté est celui qui donne au mari personnellement, pour l'aider à supporter les charges du mariage, la jouissance de tous les biens meubles et immeubles de sa femme, et les bénéfices et gains que celle-ci fait par son travail ou son industrie.

Quels sont, dans le régime sans communauté, les pouvoirs du mari sur les biens de sa femme?

Dans le régime sans communauté, le mari a sur les biens de sa femme les mêmes pouvoirs et les mêmes actions que ceux qui lui sont accordés dans la communauté légale sur les biens qui restent personnels à la femme.

Quels sont les droits qui appartiennent à la femme mariée sous le régime sans communauté?

Lors de la dissolution du mariage, de la séparation de biens ou de corps, la femme mariée sous le régime sans communauté a le droit de reprendre tous les biens meubles et immeubles qui lui appartenaient lors du mariage et ceux qui lui sont ensuite advenus par succession, ou par donations entre-vifs et testamentaires.

CHAPITRE III. — Du régime de séparation de biens.

Qu'est-ce que le régime de séparation de biens?

Le régime de séparation de biens est celui dans lequel la femme conserve, en vertu de son contrat de mariage, la jouissance et la libre administration de ses biens.

La femme séparée de biens contribue-t-elle aux charges du mariage?

Oui, la femme séparée de biens contribue aux charges du mariage : s'il n'existe pas de convention spéciale à cet égard dans le contrat notarié, elle contribue à ces charges jusqu'à concurrence du tiers de ses revenus.

La femme séparée de biens peut-elle aliéner ses immeubles et les hypothéquer?

Non ; la femme séparée de biens a besoin de l'autorisation de son mari ou de la justice pour tout acte dépassant les limites de la libre administration.

CHAPITRE IV. — Du régime dotal.

Qu'est-ce que le régime dotal?

Le régime dotal est celui dans lequel les immeubles constitués en dot sont inaliénables, non susceptibles d'hypothèques et imprescriptibles.

Le régime dotal est-il ancien?

Oui, le régime dotal est très-ancien. Il existait chez les Grecs ; il a été introduit à Rome vers la fin de la république ; il s'est étendu dans toutes les provinces romaines, et il s'est conservé, jusqu'à l'époque du Code Napoléon, dans le midi de la France, où il est encore fréquemment adopté.

Le régime dotal est-il en harmonie avec les principes

religieux, politiques et civils de l'unité des époux et de la constitution du mari comme chef et protecteur de la femme et de la famille?

Non, le régime dotal n'élève pas la femme au rang d'une associée égale au mari; il ne resserre pas suffisamment le lien conjugal. Parfaitement approprié aux nécessités des mariages dissolubles des Grecs et des Romains, ce régime ne répond pas suffisamment aux besoins des unions indissolubles de la nation française.

Lorsque les époux se marient sous le régime dotal, quels biens sont dotaux?

La règle générale est, sous le régime dotal, que rien n'est dotal; en d'autres termes, que tous les biens sont *paraphernaux*, c'est-à-dire en dehors de l'apport en **dot**. En conséquence, la paraphernalité des biens est la règle, et la dotalité est l'exception.

Dans le régime dotal, quels biens sont dotaux?

Les biens dotaux sont, dans le régime dotal, ceux qui ont été donnés par contrat de mariage à la femme, et ceux que la femme a constitués expressément en dot.

La femme peut-elle constituer en dot toute espèce de biens?

Oui, la femme peut, à son gré, constituer en dot une somme d'argent, des créances, des meubles, des immeubles, tous ses biens présents, tous ses biens à venir, ou cumulativement tous ses biens présents et à venir.

La dot peut-elle être augmentée pendant le mariage?

Non; dès que l'union est célébrée, la dot ne peut être augmentée ni par des conventions entre les époux, ni par des clauses insérées par des tiers dans les donations ou testaments faits au profit de la femme; en effet, c'est uniquement pour faciliter la formation du mariage que la constitution de dot, régie par des dispositions tout exceptionnelles, a été permise.

La dot peut-elle être diminuée pendant le mariage?

Les époux ne peuvent point, pendant le mariage, faire de conventions diminuant le montant de la dot. Mais lorsque la femme a constitué en dot ses biens à venir, les tiers qui lui font des libéralités peuvent valablement dire que les biens donnés ou légués ne deviendront pas dotaux.

La nature de la dot peut-elle être changée pendant le mariage?

Non, la nature de la dot ne peut pas être changée pendant le mariage : si elle est mobilière, elle doit rester mobilière ; si elle est immobilière, elle doit rester immobilière. La dot et sa nature sont pour les époux choses sacrées.

Par qui sont administrés les biens paraphernaux?

Les biens paraphernaux restent dans le domaine de la femme, aussi bien pour la jouissance que pour la propriété ; en conséquence, c'est la femme elle-même qui les administre.

La femme dont tous les biens sont paraphernaux ne contribue-t-elle pas aux charges du mariage?

Oui, la femme dont tous les biens sont paraphernaux contribue aux charges du mariage, de même que la femme séparée de biens, jusqu'à concurrence du tiers de ses revenus.

Quels sont les droits et les pouvoirs du mari sur les biens dotaux?

Le mari a la jouissance et l'administration des biens dotaux ; il a seul le droit d'intenter toutes les actions relatives à ces biens, tant réelles que personnelles, tant immobilières que mobilières.

Le mari est-il propriétaire de la dot?

Le mari devient propriétaire des choses dotales si elles consistent, soit en argent ou autres choses fongibles, comme du vin, soit en meubles ou créances estimés, soit en immeubles estimés avec déclaration que l'estimation vaut vente ; car, dans ces cas, il est débiteur de sommes. Mais s'il s'agit de meubles ou de créances non estimés, ou bien estimés avec déclaration que l'estimation ne vaut pas vente, ou d'immeubles non estimés ou même estimés quand il n'est pas dit que l'estimation vaut vente, le mari n'en devient pas propriétaire, mais simple usufruitier, puisqu'il est tenu de restituer identiquement ces choses.

A quels biens s'applique le principe que « la dot est inaliénable et imprescriptible? »

Le principe que « la dot est inaliénable et imprescriptible, » s'applique incontestablement aux immeubles dotaux. — Quant aux meubles et aux créances non estimés et dont la propriété n'a pas été transférée au mari, le mari ne peut pas les aliéner, mais il est certain que les tiers possesseurs et débiteurs peuvent les prescrire. — Quant aux biens dotaux qui, par l'effet de la convention, sont devenus la propriété du mari, ils sont aliénables et prescriptibles.

Dans quel sens doit être entendue la règle posée par la jurisprudence que toute la dot mobilière est inaliénable sous le régime dotal?

La constitution de biens en dot est ordinairement la conséquence d'une délibération de la famille qui veut, d'une part, mettre la femme à l'abri de sa fragilité et de l'influence que le mari pourrait exercer sur elle, et, d'autre part, conserver efficacement les fruits de la dot au ménage et la dot elle-même à la femme, à ses enfants ou à ses parents. C'est pourquoi la jurisprudence décide constamment que « la dot mobilière est *inaliénable*, » en ce sens que le droit de créance appartenant à la femme contre son mari, pour la restitution de cette dot, ne peut s'éteindre d'aucune manière pendant le mariage; que la femme ne peut, dans ce temps, ni recevoir valablement sa dot mobilière, ni céder son droit de créance contre son mari, ni renoncer à son hypothèque légale, ni contracter des obligations donnant aux créanciers le droit de se faire payer sur la dot, même mobilière. Ainsi, toute la dot est pour la femme chose sacrée pendant le mariage. De là, la femme qui a constitué en dot tous ses biens présents et à venir est frappée d'une incapacité particulière dont le mari voudrait en vain la relever, puisque cette incapacité est précisément introduite pour paralyser l'effet de son influence, de sa volonté et de son autorisation.

Le principe que l'immeuble dotal est inaliénable souffre-t-il des exceptions?

Oui, l'immeuble dotal est aliénable dans les quatre cas suivants : 1° s'il en a été ainsi convenu par contrat de mariage ; 2° pour doter les enfants communs ou ceux d'un premier lit ; 3° à titre d'échange contre un autre immeuble qui, d'après estimation d'experts nommés par le tribunal, vaut au moins les quatre cinquièmes de l'immeuble dotal ; 4° enfin, cet immeuble peut être aliéné, mais seulement avec autorisation du tribunal et après trois affiches, pour tirer la femme ou le mari de prison, — pour fournir des aliments nécessaires à la famille, — pour payer les dettes de la femme ou des dotateurs, quand elles ont date certaine avant le mariage, — pour faire de grosses réparations à un autre immeuble dotal, — enfin, pour sortir de l'indivision, lorsque l'immeuble, en partie dotal, est reconnu impartageable.

Quand l'immeuble dotal est aliéné, quel emploi doit recevoir la partie du prix qui excède la somme jugée nécessaire aux époux?

Quand l'immeuble dotal est aliéné, la partie du prix qui excède la somme jugée nécessaire aux époux doit être employée à l'acquisition d'un immeuble qui devient dotal.

Le principe que l'immeuble dotal est imprescriptible pendant le mariage souffre-t-il des exceptions?

Oui, l'immeuble dotal est prescriptible dans trois cas : 1° si le contrat de mariage le déclare aliénable ; 2° si la prescription a commencé à courir avant le mariage; 3° enfin, s'il y a séparation de corps ou de biens.

La femme séparée de biens ou de corps peut-elle, avec l'autorisation de son mari ou de justice, soit contracter des obligations donnant aux créanciers le droit de se faire payer sur les biens dotaux, soit aliéner ses immeubles et les hypothéquer?

Non; la séparation de biens ou de corps, qui transfère à la femme l'administration et la jouissance des biens dotaux, laisse néanmoins subsister le principe de dotalité et toutes les règles sur la dot.

Si la femme dotale déclare dans l'acte de célébration du mariage qu'elle n'a pas rédigé de contrat notarié, quel est l'effet de cette fausse déclaration?

Lorsque, depuis la loi de 1850, la femme mariée sous le régime dotal déclare dans l'acte de célébration du mariage qu'elle n'a pas rédigé de contrat notarié, ce contrat ne vaut alors que comme simple contre-lettre : il produit ses effets entre les époux, mais il est sans valeur à l'égard des tiers. En conséquence, si la femme dotale, autorisée de son mari, contracte des obligations, aliène ou hypothèque ses immeubles, ces obligations, aliénations ou hypothèques sont, à cause de la fausse déclaration qu'elle a faite à l'officier de l'état civil, aussi valables à l'égard des tiers que si elle était mariée sous le régime de la communauté légale.

A quelle époque le mari est-il tenu de restituer la dot?

Le mari est tenu de restituer la dot lors de la dissolution du mariage ou lors de la séparation de biens ou de corps; il en doit aussi les intérêts et les fruits à partir de l'un de ces événements, car les intérêts et les fruits de la dot, qui s'acquièrent tous également jour par jour, n'appartiennent au mari que dans la proportion de la durée du mariage.

Le mari jouit-il d'un délai pour restituer la dot?

Le mari a le délai d'un an pour le payement des

sommes dotales; mais il doit rendre immédiatement les choses dont la propriété est restée à la femme.

Qui supporte l'insolvabilité des débiteurs de créances constituées en dot sans estimation?

C'est la femme qui supporte l'insolvabilité des débiteurs de créances constituées en dot sans estimation, car elle reste propriétaire de ces créances. Toutefois, c'est le mari qui supporterait l'insolvabilité, s'il était en faute pour n'avoir pas exigé le payement. Il est même réputé en faute si le mariage a duré dix ans depuis l'époque de l'exigibilité des créances.

La femme mariée sous le régime dotal n'a-t-elle pas, quand elle devient veuve, des droits particuliers?

Oui, la femme mariée sous le régime dotal a le droit, quand elle devient veuve, de réclamer à la succession de son mari la somme nécessaire pour ses habits de deuil et pour son habitation pendant l'année. Elle a aussi le droit de demander, à la place des intérêts de sa dot, des aliments pendant l'année de deuil.

Les époux qui adoptent le régime dotal peuvent-ils convenir qu'il y aura entre eux une communauté d'acquêts?

Oui, la convention qu'il y aura entre les époux mariés sous le régime dotal une communauté d'acquêts est très-fréquente; elle est d'ailleurs d'une grande utilité, car elle fait naître entre les époux une communauté d'intérêts et de tendances qui n'existe point sous le régime dotal pur et simple.

TITRE VI. — DE LA VENTE.

Qu'est-ce que la vente?

La vente est un contrat par lequel une partie s'oblige à livrer une chose, moyennant un certain prix que l'autre partie s'engage à payer.

Comment désigne-t-on les contractants?

Celui qui s'engage à livrer la chose s'appelle vendeur, et celui qui doit payer le prix s'appelle acheteur.

1. EFFETS. — *Quels effets produit la vente?*

La vente parfaite fait naître entre les parties des obligations réciproques, et elle transfère à l'acheteur la propriété de la chose vendue.

Quand la vente est-elle parfaite?

La vente est parfaite dès que les parties sont tombées d'accord sur la chose et sur le prix.

La règle que la vente est parfaite par le seul accord des parties sur la chose et sur le prix souffre-t-elle des exceptions?

Oui, la règle que la vente est parfaite par le seul accord des parties sur la chose et sur le prix souffre les quatre exceptions suivantes : 1° si les parties s'en réfèrent à la rédaction d'un écrit, la vente n'existe que du moment où l'acte a été rédigé et signé des parties ; 2° si la vente est faite à l'essai pendant un certain temps, elle n'est parfaite que si l'acheteur a agréé la chose ; 3° si la chose est ordinairement goûtée, comme le vin, la vente existe seulement quand la chose a été goûtée ou quand l'acheteur est censé avoir suivi la foi du vendeur ; 4° enfin, si la vente faite avec arrhes n'a pas encore été exécutée, chaque partie a le droit de se dédire et de résoudre par là le contrat, l'acheteur en perdant les arrhes, et le vendeur en les restituant au double.

Quand l'acheteur devient-il propriétaire de la chose vendue?

L'acheteur devient propriétaire de la chose vendue au moment de la convention, alors même que cette chose n'est pas encore livrée ni le prix payé ; en conséquence, les risques de détérioration et de perte sont mis dès lors à sa charge. Toutefois, si la chose vendue ne consiste pas en un corps certain et déterminé, mais en genres qui s'apprécient au compte, au poids ou à la mesure, l'acheteur n'en devient propriétaire et ne subit les risques qu'à partir de l'époque où la chose vendue est comptée, pesée ou mesurée.

L'acheteur d'un corps certain et déterminé est-il, par le seul effet de la convention, aussi bien propriétaire à l'égard des tiers qu'à l'égard du vendeur?

Non, lorsqu'il s'agit de meubles, l'acheteur n'en devient propriétaire à l'égard des tiers qu'au moment où son acte acquiert date certaine; s'il s'agit d'immeubles, il faut que son acte soit transcrit au bureau des hypothèques de la situation de l'immeuble.

Quels frais sont mis à la charge de chaque partie?

Le vendeur supporte les frais de livraison, et l'acheteur supporte les frais de l'acte, de l'enregistrement et tous autres frais d'acquisition.

Contre qui le notaire, ou tout autre rédacteur de l'acte, peut-il réclamer le payement de ses frais et honoraires?

Comme le rédacteur de l'acte de vente est le mandataire des deux parties, il a une action solidaire contre l'acheteur et contre le vendeur; mais celui-ci peut, après avoir payé, agir en recours contre son acheteur.

II. CAPACITÉ. — *Qui peut acheter et vendre?*

Chacun peut acheter et vendre.

La règle que « chacun peut acheter et vendre » souffre-t-elle des exceptions?

Oui, la règle que « chacun peut acheter et vendre » souffre plusieurs exceptions : 1° ceux qui sont incapables de s'obliger, c'est-à-dire les mineurs, les interdits et les femmes mariées ne peuvent, en général, ni acheter ni vendre; 2° les ventes sont prohibées entre époux; 3° le tuteur ou autre administrateur ne peut pas acheter ce qu'il est chargé de vendre; 4° enfin, les juges, avocats, notaires, avoués, greffiers et huissiers ne peuvent point acheter les choses litigieuses qui sont de la compétence du tribunal ou de la cour où ils exercent leurs fonctions.

III. OBJET. — *Quelles choses peuvent être vendues?*

Peuvent être vendues toutes les choses susceptibles d'être estimées en argent. Toutefois, le fonds dotal, le droit à une succession non ouverte et la chose d'autrui ne peuvent point être l'objet d'une vente.

IV. OBLIGATIONS DU VENDEUR. — *Quelles sont les obligations du vendeur?*

Les obligations du vendeur sont de délivrer la chose vendue avec ses accessoires, et de garantir l'acheteur de l'éviction et des vices cachés.

I. — *Qu'est-ce que la délivrance?*

La délivrance ou livraison est la remise de la chose vendue entre les mains de l'acheteur, afin qu'il puisse en jouir et en disposer à son gré.

Comment se fait la délivrance?

La délivrance se fait, s'il s'agit de meubles, par la remise de la chose, et s'il s'agit de fonds de terre, de maisons ou de créances, par la remise des titres à l'acheteur.

Où doit se faire la délivrance?

A défaut de convention à cet égard, la délivrance doit se faire au lieu où était la chose au moment de la vente: mais si la chose vendue consiste en genres, la délivrance se fait au domicile du vendeur.

Le vendeur est-il tenu de livrer la chose à l'acheteur qui ne paye pas le prix?

Non, le vendeur n'est pas tenu de livrer la chose à l'acheteur qui n'offre pas de payer le prix, à moins que la convention n'accorde à l'acheteur un délai pour le payement.

Si le vendeur ne fait pas la délivrance, quels sont les droits de l'acheteur?

Lorsque le vendeur refuse de faire la délivrance, l'acheteur peut s'adresser à la justice pour obtenir, à son gré, soit la délivrance, soit la résolution de la vente, avec dommages-intérêts..

Qu'arrive-t-il si, dans la vente, il y a erreur sur la contenance de l'immeuble?

Quand, dans la vente d'immeuble, il y a erreur sur la contenance, il faut distinguer si l'immeuble est ou non vendu à la mesure. Si l'immeuble est vendu *à tant la mesure*, l'acheteur doit toujours le prix de la mesure réelle. Si, au contraire, l'immeuble est vendu pour un prix unique, l'erreur sur la contenance ne donne lieu à l'augmentation ou à la diminution du prix que s'il existe une différence de plus du vingtième entre la mesure réelle et celle qui est portée au contrat. Dans les deux cas, si la mesure réelle excède de plus du vingtième la mesure déclarée, l'acheteur peut demander la résolution de la vente.

Dans quel délai doit être intentée l'action en augmentation ou en diminution du prix de vente pour erreur sur la contenance?

L'action en augmentation ou en diminution du prix pour erreur sur la contenance doit être intentée dans l'année de la vente.

II. — *Qu'est-ce que la garantie?*

La garantie est le recours que l'acheteur exerce contre son vendeur, soit pour cause d'éviction, soit pour défauts cachés de la chose.

Qu'est-ce que l'éviction?

L'éviction est l'abandon que l'acheteur est forcé de faire de tout ou partie de la chose achetée, parce qu'il y est condamné par jugement rendu sur la demande en revendication intentée par un tiers.

La garantie est-elle de l'essence de la vente?

Non, la garantie n'est pas de l'essence, mais seulement de la nature de la vente. Les parties peuvent augmenter ou diminuer les effets de la garantie légale ; elles peuvent même convenir que le vendeur ne sera pas garant.

Quand le vendeur a stipulé qu'il ne sera pas garant, doit-il quelque chose à l'acheteur évincé ?

Le vendeur qui a stipulé qu'il ne sera pas garant ne doit à l'acheteur évincé aucuns dommages-intérêts ; mais il est tenu de lui restituer le prix qu'il a touché, car il l'a reçu sans cause et indûment.

Y a-t-il des cas où le vendeur n'est pas tenu de restituer à l'acheteur évincé le prix qu'il en a reçu ?

Oui, le vendeur n'est pas tenu de restituer le prix qu'il a reçu de l'acheteur évincé lorsqu'il a vendu sans garantie et *aux risques et périls de l'acheteur*, ou lorsqu'en vendant sans garantie, il a eu soin d'avertir l'acheteur du danger d'éviction. Dans ces deux cas, la vente prend le caractère de contrat aléatoire, et le vendeur de bonne foi conserve le prix.

S'il n'a rien été dit dans l'acte de vente touchant la garantie, ou s'il a été dit simplement que le vendeur se porte garant, qu'est-ce que l'acheteur évincé peut demander à son vendeur ?

Dans le cas de garantie légale, l'acheteur évincé peut demander à son vendeur : 1° le prix payé ; 2° les frais et loyaux coûts du contrat ; 3° les fruits qu'il a restitués au revendiquant ; 4° les frais du procès, pourvu qu'il ait appelé son vendeur en garantie ; 5° les dépenses nécessaires et utiles qu'il a faites à la chose achetée ; 6° enfin la réparation du préjudice que lui cause l'éviction.

Lorsque la chose a des vices cachés, par quelles actions l'acheteur peut-il agir contre son vendeur ?

En cas de vices cachés, l'acheteur peut, à son gré, agir contre son vendeur en diminution de prix ou bien en résolution de la vente avec dommages-intérêts ?

La loi ne détermine-t-elle pas les vices rédhibitoires qui ont lieu dans les ventes d'animaux ?

Oui, la loi détermine, relativement à l'espèce chevaline, à l'espèce bovine et à l'espèce ovine, certains vices rédhibitoires, c'est-à-dire donnant lieu à la résolution de la vente.

Quels sont les vices rédhibitoires concernant le cheval, l'âne et le mulet?

Les vices rédhibitoires concernant le cheval, l'âne et le mulet, sont : la fluxion périodique des yeux, l'épilepsie ou mal caduc, la morve, le farcin, les maladies anciennes de poitrine ou vieilles courbatures, l'immobilité, la pousse, le cornage chronique, le tic sans usure des dents, les hernies inguinales intermittentes et la boiterie intermittente pour cause de vieux mal.

Quels sont les vices rédhibitoires concernant l'espèce bovine?

Les vices rédhibitoires concernant l'espèce bovine sont : la phthisie pulmonaire ou pommelière, l'épilepsie ou mal caduc, les suites de la non-délivrance et le renversement du vagin ou de l'utérus après le part chez le vendeur.

Quels sont les vices rédhibitoires concernant l'espèce ovine?

Les vices rédhibitoires concernant l'espèce ovine sont : la clavelée et le sang de rate.

Dans quel délai doit être intentée l'action rédhibitoire?

L'action rédhibitoire, qui est dispensée du préliminaire de conciliation, doit être intentée et le vice doit être constaté dans le délai de neuf jours à partir du contrat; mais il est de trente jours quand il s'agit de fluxion périodique des yeux, d'épilepsie ou mal caduc.

Le délai de l'action rédhibitoire n'est-il pas augmenté à raison des distances?

Oui, le délai de l'action rédhibitoire est augmenté d'un jour par cinq myriamètres de distance entre le domicile du vendeur et le lieu où l'animal se trouve.

V. Obligations de l'acheteur. — *Quelle est la principale obligation de l'acheteur?*

La principale obligation de l'acheteur est de payer le prix convenu.

Les intérêts du prix de la vente courent-ils de plein droit?

Non; en général les intérêts du prix de la vente ne courent contre l'acheteur qu'en vertu d'une convention spéciale à cet égard, ou bien à partir de la sommation que le vendeur lui fait, par le ministère d'un huissier, de satisfaire au payement. Toutefois, les intérêts courraient de plein droit, à partir du jour du contrat, si la chose vendue était, d'après sa destination, productive de fruits naturels, industriels ou civils : alors la dette des intérêts du prix deviendrait pour l'acheteur un équivalent de son droit aux fruits de la chose.

Où le prix de vente doit-il être payé?

Le prix de vente doit être payé, s'il n'y a convention contraire, au lieu et au moment où se fait la délivrance de la chose, ou bien, quand il y a terme, au domicile de l'acheteur.

Que peut faire le vendeur non payé?

Le vendeur non payé peut demander en justice, à son gré, ou le payement du prix, ou la résolution de la vente avec dommages-intérêts.

La vente de denrées et d'effets mobiliers n'est-elle résolue que par jugement?

La vente de denrées et d'effets mobiliers est résolue de plein droit, au profit du vendeur, par l'expiration du délai fixé pour le retirement.

N'existe-t-il pas des causes de résolution ou rescision particulières à la vente?

Oui, il existe deux causes de résolution particulières à la vente ; ces causes sont la faculté de rachat ou réméré et la lésion.

VI. RACHAT OU RÉMÉRÉ. — *Qu'est-ce que la faculté de rachat?*

La faculté de rachat est le droit que, par une clause de l'acte, le vendeur se réserve de reprendre la chose mobilière ou immobilière qu'il a vendue, en remboursant à l'acheteur le prix payé, les frais et loyaux coûts du contrat et les dépenses nécessaires et utiles.

Pendant quel délai le vendeur peut-il se réserver la faculté de rachat?

Le vendeur peut se réserver la faculté de rachat pendant cinq ans au plus : tout délai plus long est réduit à ce terme.

Quel effet se produit lorsque le vendeur exerce la faculté de rachat pendant le délai fixé dans l'acte de vente?

Lorsque le vendeur exerce la faculté de rachat, il est considéré comme n'ayant jamais cessé d'être propriétaire de la chose vendue. En conséquence, si l'acheteur à réméré a vendu l'immeuble ou l'a grevé d'hypothèques ou autres charges, ces actes deviennent nuls, parce qu'ils sont considérés comme consentis sur une chose appartenant à autrui.

VII. LÉSION. — *La lésion est-elle, en général, une cause de rescision de la vente?*

Non, la lésion n'est pas, en général, une cause de rescision de la vente. Quand elle existe dans une vente de meubles, elle ne donne jamais lieu à la rescision, si ce n'est en faveur du mineur qui, à raison de son incapacité, peut faire annuler les actes quelconques qui lui causent du préjudice. Cependant elle donne lieu à la rescision de la vente d'immeuble, mais seulement en faveur du vendeur qui a été lésé de plus des sept douzièmes de la valeur qu'avait, au moment du contrat, l'immeuble vendu.

Quel est le délai de l'action en rescision pour cause de lésion dans la vente d'immeuble?

Le délai de l'action en rescision pour cause de lésion dans la vente d'immeuble est de deux ans, qui courent du jour de la vente.

VIII. LICITATION. — *Qu'est-ce que la licitation?*

La licitation est la vente aux enchères d'une chose appartenant par indivis à plusieurs personnes.

Les étrangers, c'est-à-dire les non-copropriétaires, sont-ils admis à se rendre adjudicataires des biens mis aux enchères?

Oui ; en général, les enchères sont publiques et les étrangers sont admis à se rendre adjudicataires. Toutefois, si les héritiers majeurs et capables conviennent tous que les enchères ne seront pas publiques et que les étrangers seront exclus, cette convention produit son effet.

Là licitation est-elle déclarative de la propriété?

Oui, de même que le partage, la licitation est déclarative de la propriété quand l'un des copropriétaires devient adjudicataire. Mais, au contraire, elle est translative de propriété si l'adjudication se fait au profit d'un étranger. En conséquence, les constitutions d'hypothèques et autres actes consentis par un cohéritier sur l'immeuble licité sont nuls ou valables selon que l'adjudication a lieu au profit d'un autre cohéritier ou d'un étranger.

IX. TRANSPORT DES CRÉANCES ET AUTRES CHOSES INCORPORELLES. — *Comment appelle-t-on la vente d'une créance ou autre chose incorporelle?*

On appelle la vente d'une créance ou autre chose incorporelle, tantôt *cession*, tantôt *transport*, et tantôt *transport-cession*.

Comment nomme-t-on les parties qui figurent dans une cession?

On nomme le vendeur *cédant;* l'acheteur, *cessionnaire.*

Le débiteur de la créance vendue est désigné par le nom de *cédé*.

Quand la cession est-elle parfaite?

La cession est parfaite, comme la vente des choses corporelles, quand il y a consentement des parties sur la chose et sur le prix.

A quoi le cédant est-il obligé? .

Le cédant est obligé à livrer les titres et à garantir l'existence de la créance. Mais il ne garantit point la solvabilité du débiteur, à moins qu'il n'ait promis expressément cette garantie.

La cession parfaite rend-elle le cessionnaire propriétaire du droit de créance à l'égard des tiers?

Non, la cession parfaite ne rend point le cessionnaire propriétaire du droit de créance à l'égard des tiers. Pour produire cet effet, il faut que la cession soit suivie de l'accomplissement de certaines conditions qui varient selon la nature du titre : 1° s'il s'agit de créance au porteur, comme les billets de banque et la plupart des obligations et actions de chemins de fer, le cessionnaire en devient propriétaire par la simple remise du titre ; 2° s'il s'agit de rentes sur l'État ou de titres nominatifs dans une compagnie, par exemple, de chemin de fer, le cessionnaire en devient propriétaire par un transfert sur les registres ; 3° s'il s'agit de titres à ordre, comme les lettres de change et les billets à ordre, le cessionnaire en devient propriétaire par un endossement régulier ; 4° enfin, s'il s'agit de créance ordinaire, c'est-à-dire nominative et sans clause d'ordre, le cessionnaire en devient propriétaire seulement lorsqu'il signifie son acte de cession au débiteur cédé, ou lorsque celui-ci accepte la cession dans un acte authentique.

Si, avant la signification de la cession de la créance nominative, le cédant reçoit le payement ou si ses créan-

ciers forment, entre les mains du cédé, des saisies-arrêts ces actes sont-ils valables?

Oui ; tant que la cession n'est pas signifiée, le payement fait par le cédé au cédant, et les saisies-arrêts formées par les créanciers de celui-ci sont valables à l'égard du cessionnaire ; mais ces actes seraient nul, s'ils n'étaient faits qu'après la signification de la cession. En conséquence, le cédé auquel la cession est signifiée doit, s'il a fait quelques payements, se hâter d'en avertir le cessionnaire ou de faire enregistrer ses quittances.

Quels sont les droits du cessionnaire d'une hérédité?

Le cessionnaire d'une hérédité a, du moins vis-à-vis du cédant, les mêmes droits que s'il eût succédé lui-même au défunt.

N'existe-t-il pas une disposition particulière relativement à la cession d'un droit litigieux, c'est-à-dire sur l'existence duquel il y a procès et contestation sur le fond du droit?

Oui ; dans le cas de cession d'un droit litigieux, la loi donne au cédé le *retrait litigieux,* c'est-à-dire le droit de se faire tenir quitte en remboursant au cessionnaire le prix de la cession et les frais de cet acte. Mais le retrait litigieux ne peut point être exercé par le cédé contre le cessionnaire qui est cohéritier du cédant, qui est copropriétaire, ou possesseur du droit cédé, ou qui a reçu le droit litigieux à titre de payement.

TITRE VII. — DE L'ÉCHANGE.

Qu'est-ce que l'échange?

L'échange est un contrat par lequel deux parties conviennent de se donner réciproquement une chose pour une autre.

L'échange est-il soumis à des règles particulières?

Non ; l'échange n'est soumis à aucune règle particulière : on applique à ce contrat les règles de la vente, avec laquelle il a une grande analogie.

TITRE VIII. — Du contrat de louage.

Combien y a-t-il de sortes de louage?

Il y a deux sortes de louage : 1° le louage de choses; 2° le louage d'ouvrage.

§ 1er. — Du louage de choses.

Qu'est-ce que le louage de choses?

Le louage de choses, appelé aussi *bail*, est un contrat par lequel une personne s'oblige à procurer à une autre personne la jouissance d'une chose pendant un temps déterminé, moyennant un certain prix que celle-ci s'oblige à payer.

Quelles choses peut-on louer?

On peut louer toute sorte de choses, meubles ou immeubles.

Comment appelle-t-on ceux qui figurent dans le louage?

Celui qui s'engage à procurer la jouissance de la chose s'appelle *locateur* ou *bailleur*. Celui qui s'oblige à payer le prix s'appelle *preneur*; il est aussi désigné sous le nom de *locataire*, s'il s'agit de maisons, ou sous le nom de *colon partiaire* ou de *fermier*, s'il s'agit de ferme.

Y a-t-il de la différence entre la vente et le louage?

Oui, il y a entre la vente et le louage une remarquable différence : dès que la vente existe, le vendeur a droit à tout le prix, et l'acheteur devient généralement aussitôt propriétaire de la chose; tandis que le locateur n'acquiert de droit au prix qu'au fur et à mesure qu'il procure la jouissance, et le preneur ne devient jamais propriétaire de la chose louée.

Quels sont les baux les plus importants?

Les baux les plus importants sont le bail de maison et le bail à ferme.

Le bail de maison et le bail à ferme sont-ils en tout soumis aux mêmes règles?

Non; quoiqu'ils aient des règles communes, ils ont chacun des règles particulières.

I. RÈGLES COMMUNES AU BAIL DE MAISON ET AU BAIL A FERME. — *Comment le bail devient-il parfait?*

Le bail devient parfait, de même que la vente et la plupart des autres contrats, par le seul consentement des parties.

Par quel moyen le bail peut-il être prouvé.

Le bail peut être prouvé par toute espèce d'écrit. Mais, par dérogation à la règle ordinaire, la preuve testimoniale du bail verbal qui n'a pas reçu de commencement d'exécution, n'est jamais admise, quelque modique qu'en soit le prix; toutefois, le serment peut être déféré à celui qui nie le bail.

omment le juge termine-t-il la contestation qui s'élève entre le bailleur et le preneur sur le prix du bail dont l'exécution a commencé, et dont il n'y a pas encore de quittance?

Le juge termine la contestation qui s'élève entre les parties sur le prix du bail, en déférant le serment au bailleur, à moins que le preneur ne demande une expertise. Dans ce dernier cas, si l'estimation des experts dépasse le prix déclaré par le preneur, celui-ci supporte entièrement les frais d'expertise, mais il ne paye que le prix d'estimation.

Qu'entend-on par sous-louer?

Par *sous-louer* on entend l'acte par lequel le preneur loue une partie de la chose qu'il a prise à bail.

Qu'entend-on par céder son bail?

Par *céder son bail* on entend l'acte par lequel le preneur loue toute la chose qu'il a prise à bail. Cet acte de cession a, sous plusieurs rapports, le caractère et les effets d'une vente de droit mobilier.

Le preneur a-t-il, en général, le droit de sous-louer et de céder son bail?

Oui, le preneur peut, à son gré, sous-louer ou céder son bail, si une clause formelle du contrat ne lui interdit pas cette faculté. Mais, malgré la sous-location ou la cession, il reste obligé envers le bailleur, à moins que celui-ci ne l'ait déchargé en termes exprès, et notamment en acceptant à sa place le cessionnaire du bail.

De quelles obligations est tenu le bailleur?

Le bailleur est tenu : 1° de livrer au preneur la chose louée en bon état et exempte de vices cachés qui en empêchent l'usage ; 2° de réparer et d'entretenir la chose pendant la durée du bail ; 3° de garantir le preneur de tout trouble de droit, c'est-à-dire de trouble causé par des personnes qui invoquent quelque droit sur la chose louée.

De quelles obligations est tenu le preneur?

Le preneur est tenu : 1° de payer le prix du bail au terme fixé par la convention ou, à défaut, par l'usage du lieu ; 2° d'user de la chose en bon père de famille, suivant la destination qui lui est donnée par le bail.

Lorsque la maison louée périt par cas fortuit, sur qui retombe la perte?

Lorsque la maison louée vient à périr par cas fortuit, la perte retombe sur le propriétaire : alors les obligations des parties s'évanouissent pour l'avenir; le preneur ne doit donc au bailleur le prix du bail que proportionnellement au temps de sa jouissance.

Quand la maison périt par incendie, la perte retombet-elle sur le propriétaire?

Non. L'incendie de la maison est présumé provenir de la négligence des locataires ; en conséquence, ceux-ci sont tenus, même solidairement, envers le propriétaire, à la réparation du préjudice que l'incendie lui a causé.

Le locataire de la maison incendiée peut-il échapper à la présomption de faute qui le rend responsable de l'incendie de la maison?

Oui, le locataire de la maison incendiée échappe à la rigueur de la présomption de faute et à la responsabilité, s'il prouve que le feu n'a pu commencer chez lui, ou bien que l'incendie est arrivé par cas fortuit, par vice de construction ou par communication de l'incendie qui a pris dans une maison voisine.

Comment finit le bail?

Le bail finit des cinq manières suivantes : 1° par la convention expresse des parties; 2° par l'expiration du temps fixé par écrit, ou, s'il s'agit de bail rural dont la durée n'est pas fixée par écrit, par l'expiration du temps pour lequel le bail est censé fait, c'est-à-dire par l'expiration du temps nécessaire pour la récolte de tous les fruits ; 3° par un congé donné par l'une des parties, lorsqu'il s'agit d'un bail de maison non écrit; 4° par la perte de la chose louée ; 5° enfin, par la résolution judiciairement prononcée pour cause d'inexécution des obligations de l'une des parties.

Le preneur peut-il opposer aux tiers, et notamment aux créanciers hypothécaires, son bail ayant date certaine et ses payements anticipés?

Oui, le preneur peut opposer aux tiers son acte de bail ayant date certaine, lorsqu'il n'excède pas une durée de dix-huit ans, et ses payements anticipés, lorsqu'ils sont faits pour un temps qui n'excède pas trois ans. Mais pour produire leur entier effet, il faut que le bail excédant dix-huit ans et les payements anticipés pour plus de trois ans soient transcrits au bureau des hypothèques de la situation de l'immeuble loué.

L'acheteur est-il tenu de respecter le bail consenti par son vendeur?

Non, l'acheteur n'est point tenu de respecter le bail consenti par son vendeur. Cependant il ne peut pas expulser le preneur qui est en possession et dont le bail a obtenu date certaine avant la transcription de l'acte de vente.

Quel est l'effet de la clause par laquelle le bailleur s'est réservé le droit d'expulser le preneur en cas de vente?

La clause par laquelle le vendeur s'est réservé le droit d'expulser le preneur en cas de vente, donne à l'acheteur la faculté d'expulser le preneur dont l'acte a date certaine, en l'avertissant à l'avance conformément à l'usage des lieux ; mais s'il exerce cette faculté, il doit payer au preneur, à titre d'indemnité, le prix du loyer pour le temps qui court entre le congé et la sortie ; s'il s'agit de bail rural, le tiers du prix de bail pour tout le temps qui reste à courir ; et, s'il s'agit d'usine, une indemnité fixée par experts.

Quand le bail est fini, ne peut-il pas se former tacitement un nouveau bail?

Oui, quand le bail est fini, un nouveau bail se forme par *tacite reconduction*, lorsque le preneur reste en possession de la chose louée et que le bailleur le laisse en possession. Ce bail a pour objet la même chose et le même prix ; mais sa durée est illimitée et ne cesse que par un congé, s'il s'agit de maison, tandis que s'il s'agit d'un bien rural, il a la durée nécessaire pour la récolte de tous les fruits,

II. RÈGLES PARTICULIÈRES AU BAIL A LOYER. — *Les règles particulières au bail à loyer sont-elles nombreuses?*

Non, les règles particulières au bail à loyer sont seulement au nombre de deux : 1° le preneur est tenu de garnir la maison de meubles suffisants pour garantir le payement des loyers, ou bien de donner un supplément de bonnes sûretés ; 2° il est aussi tenu de faire les réparations appelées *locatives*, à moins qu'il ne prouve que les pertes et détériorations existaient déjà lors de son entrée en jouissance, ou qu'elles sont arrivées pendant le bail par vétusté ou par force majeure.

Quelles sont les réparations locatives?

Les réparations locatives ou de menu entretien sont celles qui concernent, par exemple, les portes, les croisées, les vitres, les targettes, les serrures, les carreaux, pavés et parquets des chambres, et le recrépiment des murailles jusqu'à la hauteur d'un mètre. Le besoin de ces réparations est présumé provenir de la négligence du locataire.

Existe-t-il contre le locataire une présomption que les lieux loués étaient, lors de son entrée en jouissance, dans un bon état de réparations locatives?

Oui; le bailleur étant tenu de livrer les lieux loués en bon état de réparations de toute espèce, le fait de l'entrée en possession par le preneur établit la présomption que le bailleur a rempli cette obligation, notamment en ce qui concerne les réparations locatives. Pour faire cesser une pareille présomption, lorsqu'elle ne serait pas conforme à la vérité, le preneur doit avoir bien soin de faire, avant son entrée en possession, un état des lieux et de le faire signer par le bailleur. Cet état des lieux mentionne seulement les choses cassées, détériorées, usées ou en mauvais état.

Le bailleur a-t-il le droit de se faire payer de ce qui lui est dû sur le prix des meubles du sous-locataire?

Oui, le bailleur a le droit de se faire payer de ce qui lui est dû sur le prix des meubles du sous-locataire, mais seulement jusqu'à concurrence de la somme que celui-ci doit au locataire.

III. RÈGLES PARTICULIÈRES AU BAIL A FERME. — *N'existe-t-il pas deux espèces de bail rural?*

Oui, il existe deux espèces de bail rural : 1° le colonat partiaire, qui constitue une sorte de société ayant pour objet le partage des fruits du fonds entre le bailleur et le colon ; 2° le bail ordinaire, qui attribue tous les fruits du fonds au fermier, moyennant une certaine somme qu'il doit payer au bailleur.

Le colon partiaire peut-il céder son bail et sous-louer?

Non, le colon partiaire ne peut ni céder ni sous-louer; car, en traitant avec lui, le bailleur a pris en considération son travail, sa probité et surtout la facilité des bonnes relations.

Quelles sont, dans le bail ordinaire de bien rural, les obligations particulières au fermier?

Les obligations particulières au fermier sont : 1° de garnir le fonds de bestiaux et d'ustensiles nécessaires à l'exploitation; 2° de cultiver en bon père de famille; 3° d'engranger les récoltes dans les lieux destinés à cet effet; 4° d'avertir au plus tôt le bailleur des usurpations que des tiers auraient commises sur le fonds; 5° enfin, de laisser au fermier entrant les facilités et logements convenables pour les travaux de l'année suivante.

Si le preneur d'un bien rural ne récolte rien, doit-il néanmoins tout le prix du bail?

Non; lorsqu'il y a perte de la récolte non encore séparée du fonds et que cette perte est de plus de moitié d'une année ordinaire, il y a lieu, en faveur du fermier, à une diminution proportionnelle du prix de bail. Mais si le bail est fait pour plusieurs années, il s'opère entre elles une sorte de compensation et il n'y a lieu à la diminution du prix de bail que dans le cas où, compensation faite de toutes les récoltes, la moyenne ne s'élève pas à la moitié d'une année ordinaire.

Les parties peuvent-elles convenir que si la récolte périt par cas fortuit, le fermier n'aura cependant droit à aucune diminution du prix de bail?

Oui, la convention portant que le fermier ne pourra, en cas de perte de la récolte par cas fortuit, demander aucune diminution du prix de bail, est licite et valable.

Mais cette convention est censée, à moins d'expressions contraires, se référer seulement aux cas fortuits ordinaires, tels que grêle, feu du ciel, gelée et coulure.

Quelle est la durée du bail rural fait sans écrit?

La durée du bail rural fait sans écrit est celle du temps nécessaire pour que le preneur puisse recueillir tous les fruits du fonds; de là, s'il s'agit de terres labourables qui se divisent par soles ou saisons, le bail est censé fait pour autant d'années qu'il y a de soles; s'il s'agit de vignes ou de prés, le bail est censé fait pour une année.

§ 2.　　Du louage d'ouvrage et d'industrie.

Dans le bail d'ouvrage ou d'industrie, quel est le bailleur?

Dans le bail d'ouvrage ou d'industrie, le bailleur est celui qui touche le prix, tandis que le preneur est celui qui paye le prix.

Combien y a-t-il de sortes de bail d'ouvrage et d'industrie?

Il y a cinq sortes de bail d'ouvrage et d'industrie, qui sont : 1° le louage de domestiques et ouvriers ; 2° le contrat d'apprentissage ; 3° le louage de voituriers, tant par terre que par eau ; 4° le louage des entrepreneurs d'ouvrage ; 5° enfin, le bail à cheptel.

I. LOUAGE DE DOMESTIQUES ET OUVRIERS. — *Peut-on convenir qu'un domestique restera toute sa vie au service d'une personne?*

Non; la loi annule, comme contraire à la liberté, la convention par laquelle un domestique s'engage pour toute sa vie.

S'il s'élève une contestation entre le maître et son domestique, relativement à la quotité des gages, au payement du salaire de l'année échue, ou aux à-compte sur l'année courante, comment le juge la décide-t-il?

Pour décider la contestation élevée entre le maître et son domestique relativement à la quotité des gages, au payement de l'année échue et aux à-compte sur l'année courante, le juge s'en réfère à l'affirmation du maître, car, à l'égard de pareils faits passés dans l'intimité du foyer domestique, l'affirmation du maître a paru présenter, en général, plus de garanties de sincérité que celle du domestique.

II. APPRENTISSAGE. — *Qu'est-ce que le contrat d'apprentissage?*

Le contrat d'apprentissage est celui par lequel un maître-ouvrier s'engage à initier dans son art une personne ordinairement jeune, à condition que celle-ci l'aidera dans son travail.

Comment le contrat d'apprentissage est-il parfait?

Quoiqu'il intervienne ordinairement un écrit, le contrat d'apprentissage est parfait par le seul consentement des parties; mais chaque contractant conserve pendant les deux premiers mois, qui constituent un temps d'essai, la faculté de résoudre le contrat sans indemnité.

Quelles sont les obligations du maître?

Les obligations du maître sont : 1° d'enseigner graduellement son art à l'apprenti et de ne pas lui imposer un ouvrage au-dessus de ses forces ; 2° de n'employer l'apprenti qu'à des travaux de son art ; 3° d'avertir les parents de l'enfant qui commet des fautes graves, qui s'absente ou qui tombe malade ; 4° de ne pas faire travailler plus de dix heures l'enfant au-dessous de douze ans, ni plus de douze heures l'enfant au-dessous de seize ans ; 5° de ne pas employer l'enfant au-dessous de seize ans avant cinq heures du matin ni après neuf heures du soir ; 6° de ne pas faire travailler les apprentis les dimanches et jours de fête, si ce n'est jusqu'à dix heures pour ranger l'atelier ; 7° de laisser à l'apprenti qui n'a pas encore seize ans et qui ne sait ni lire ni écrire, ou qui n'a pas reçu d'éducation religieuse, deux heures par jour pour compléter son instruction ; 8° enfin, de délivrer, à la fin de l'apprentissage, un certificat constatant que l'apprenti a exécuté ses obligations.

Quelles sont les obligations de l'apprenti?

Les obligations de l'apprenti sont : 1° de respecter son maître, de lui obéir et de l'aider dans son travail ; 2° de rester chez son maître pendant le délai convenu et de remplir le temps qu'il n'a pas employé par suite de maladie ou d'absence ayant duré plus de quinze jours.

Comment est résolu le contrat d'apprentissage?

Le contrat d'apprentissage est résolu : 1° par la mort du maître ou de l'apprenti, ou bien par l'appel de l'un d'eux sous les drapeaux ; 2° par la condamnation du maître ou de l'apprenti à plus de quinze jours de prison ; 3° par le changement de domicile du maître qui va s'établir dans une autre commune ; 4° enfin, par l'inexécution des obligations de l'une des parties.

III. Voituriers par terre et par eau. — *De quels soins est tenu le voiturier?*

Le voiturier est tenu d'apporter à la conservation de la chose qui lui a été confiée les soins d'un bon père de famille.

Le voiturier est-il responsable des pertes et des avaries?

Oui, le voiturier est responsable des pertes et des avaries, car il est présumé en faute ; mais sa responsabilité cesse s'il prouve que les pertes et avaries ont été causées par force majeure.

Les compagnies de chemins de fer peuvent-elles, au moyen de l'insertion d'une clause dans les bulletins délivrés aux voyageurs, limiter leur responsabilité?

Non, la clause que les compagnies de chemins de fer insèrent dans leurs bulletins pour limiter leur responsabilité est nulle ; en conséquence, le voyageur peut réclamer la valeur entière de ses effets perdus.

IV. **Entrepreneurs d'ouvrages par suite de devis et marchés.** — *Qu'est-ce qu'un devis?*

Le devis est un écrit contenant l'état détaillé d'ouvrages à faire pour l'exécution d'une entreprise, avec l'indication des prix qu'ils doivent coûter. Cet état est dressé par un homme de l'art.

Qu'est-ce qu'un marché?

Un marché est la convention par laquelle un entrepreneur d'ouvrage s'engage à faire des travaux pour une personne, moyennant un prix que celle-ci s'oblige à payer.

Quand la chose travaillée périt par cas fortuit avant la livraison, par qui la perte est-elle supportée?

La perte de la chose travaillée, lorsqu'elle arrive avant la livraison, est supportée par l'ouvrier s'il fournit la matière ; mais s'il ne fournit que son travail, il perd le prix de son travail, et la perte de la matière est subie par le maître.

L'architecte et l'entrepreneur restent-ils, après la livraison, responsables de l'édifice construit à prix fait?

Oui ; l'architecte et l'entrepreneur sont responsables des ouvrages construits à prix fait pendant les dix ans qui suivent leur réception ; en conséquence, si, dans ce délai, l'édifice périt par vice de construction, par vice des matériaux ou par vice du sol, ils sont solidairement tenus de dommages-intérêts envers le propriétaire.

L'entrepreneur ou l'architecte qui s'est chargé, à prix fait, de la construction d'un bâtiment, a-t-il droit à une augmentation de prix lorsqu'il a fait au plan des changements ou améliorations?

Non, les changements que l'entrepreneur fait au plan ne donnent point lieu à l'augmentation du prix convenu pour la construction, s'il n'est pas intervenu rente lui et le propriétaire une convention écrite qui fixe les changements et le prix supplémentaire.

L'ouvrier qui n'est pas payé par l'entrepreneur peut-il demander directement son payement au propriétaire?

Oui ; l'ouvrier qui n'est pas payé peut demander directement son payement au propriétaire ; mais celui-ci n'est jamais tenu de lui payer plus qu'il ne doit à l'entrepreneur.

Comment se dissout le contrat de louage d'ouvrage?

Le contrat de louage d'ouvrage se dissout : 1° par la mort de l'entrepreneur ; 2° par la volonté du propriétaire qui consent à payer à l'entrepreneur le montant de ce que celui-ci eût gagné ; 3° par l'inexécution de l'obligation de l'un des contractants.

V. Bail a cheptel. — *Qu'entend-on par cheptel?*

On entend par cheptel un fonds de bétail qu'une personne remet à une autre sous certaines conditions.

Combien y a-t-il de sortes de cheptel?

Il y a quatre sortes de cheptel : 1° le cheptel simple ; 2° le cheptel à moitié ; 3° le cheptel donné au fermier ; 4° enfin, le contrat appelé improprement cheptel.

I. — *Qu'est-ce que le cheptel simple?*

Le cheptel simple est un contrat par lequel une personne s'oblige à remettre à une autre un fonds de bétail que celle-ci promet de garder, de nourrir et de soigner, sous la condition qu'il y aura entre elles partage des bénéfices et des pertes.

Quelles sont les parts de chaque contractant dans les bénéfices et dans les pertes?

Les parts de chaque contractant dans les bénéfices et dans les pertes sont égales, s'il n'y a pas de convention contraire. Toutefois, le bailleur supporte seul la perte totale du cheptel quand elle est arrivée par cas **fortuit.**

Peut-on insérer dans le contrat de cheptel simple toute sorte de clauses?

Oui, on peut insérer dans le contrat de cheptel simple toute sorte de clauses. Cependant, on ne peut pas convenir que le preneur supportera seul toute la perte du cheptel, arrivée par cas fortuit, ni qu'il aura dans la perte une part plus grande que dans le profit, ni enfin que le bailleur prélèvera, lors du partage, quelque chose de plus que la valeur du cheptel qu'il a fourni.

Quelle est la durée du cheptel simple?

La durée du cheptel simple est de trois ans, s'il n'existe pas de convention contraire.

Quand le bail à cheptel simple est fini, comment se fait le partage?

A la fin du cheptel simple, le bailleur prélève des têtes du troupeau jusqu'à concurrence de l'estimation primitive; ensuite, l'excédant se partage. Si la valeur du troupeau est inférieure à l'estimation primitive, le bailleur le prend tout, et le déficit est supporté par les deux parties.

II. — *Qu'est-ce que le cheptel à moitié?*

Le cheptel à moitié est une sorte de société dans laquelle le preneur fournit la moitié des bestiaux.

Les règles du cheptel simple sont-elles applicables au cheptel à moitié?

Oui, on applique au cheptel à moitié les règles du cheptel simple; mais le preneur a essentiellement, dans le cheptel à moitié, tout le laitage, le fumier, le travail des bêtes et au moins la moitié de la laine et du croît.

III. — *Qu'est-ce que le cheptel donné au fermier?*

Le cheptel donné au fermier est un contrat par lequel e propriétaire d'une métairie garnie de bestiaux, la donne à ferme, en stipulant qu'à la fin du bail le preneur laissera des bestiaux d'une valeur égale à l'estimation de ceux qu'il reçoit.

Quel est, dans le cheptel donné au fermier, l'effet de l'estimation du cheptel?

L'estimation du cheptel donné au fermier ne transfère pas à celui-ci la propriété du cheptel, mais elle lui en attribue tous les profits et toutes les pertes, et lui confère le droit de disposer de quelques têtes, à la charge de les remplacer.

IV. — *Qu'est-ce que le contrat appelé improprement cheptel?*

Le contrat appelé improprement cheptel est celui par lequel le bailleur livre une ou plusieurs vaches au preneur qui s'engage à les loger et à les nourrir.

Quels sont, dans le contrat appelé improprement cheptel, les droits de chaque contractant?

Dans le contrat appelé improprement cheptel, le preneur, qui est ordinairement un vigneron, a tous les profits qu'il tire des vaches, tandis que le bailleur a la totalité des veaux qui naissent des vaches données à cheptel.

TITRE IX. — DU CONTRAT DE SOCIÉTÉ.

Qu'est-ce que la société?

La société est un contrat par lequel deux ou plusieurs personnes conviennent de mettre chacune en commun de l'argent, d'autres biens ou leur industrie, dans la vue de partager les bénéfices qui peuvent en résulter.

Comment le contrat de société est-il parfait?

Le contrat de société est parfait par le seul consentement des parties ; mais la preuve testimoniale de son existence n'est pas admise si le montant des apports excède la valeur de 150 fr.

Quand naît la société?

La société naît au moment de la convention, si les parties ne fixent pas le commencement de son existence à une autre époque.

La société constitue-t-elle une personne morale, un être juridique?

Oui, la société constitue une personne morale. En effet, elle a un actif et un passif qui lui sont propres; de là, tant qu'elle dure, le droit des associés est purement mobilier, alors même qu'elle ne comprendrait que des immeubles.

Quelle est la conséquence la plus importante du principe que la société constitue une personne?

La conséquence la plus importante du principe que la société constitue une personne est que les créanciers sociaux sont payés sur les biens de la société par préférence aux créanciers personnels des associés.

I. DIVERSES SOCIÉTÉS. — *Comment divise-t-on les sociétés?*

On divise les sociétés en sociétés universelles et en sociétés particulières.

Combien y a-t-il de sociétés universelles?

Il y a deux sociétés universelles : celle de tous biens présents et celle de gains.

Qu'est-ce que la société universelle de tous biens présents?

La société universelle de tous biens présents est celle qui comprend tous les biens, meubles et immeubles, qu'ont les associés lors du contrat, et les bénéfices qui peuvent en résulter.

Peut-on convenir que les biens qui arriveront aux associés par successions, donations et legs, tomberont dans la société?

Non; la convention portant que les biens à venir tomberont dans la société n'est valable qu'entre époux. Toutefois, les associés peuvent convenir que les gains qu'ils feront et la jouissance de leurs biens à venir tomberont dans la société universelle de tous biens.

Qu'est-ce que la société universelle de gains?

La société universelle de gains est celle qui comprend tous les meubles présents des associés, la jouissance de leurs immeubles, et les gains et bénéfices résultant de leur travail et de leur industrie.

La société universelle de biens ou de gains est-elle permise entre toutes personnes?

Non; ceux entre lesquels les donations sont prohibées, et ceux auxquels il est défendu de s'avantager au préjudice d'autres personnes, ne peuvent point contracter ensemble de société universelle soit de biens, soit de gains. Ainsi, le père ne peut faire une pareille société ni avec son enfant naturel ni, s'il a plusieurs enfants légitimes, avec l'un d'eux ; lorsqu'il forme une société particulière avec l'un de ses enfants, il est même nécessaire que la convention soit constatée par acte authentique.

Qu'est-ce que la société particulière?

La société particulière est celle qui comprend des sommes d'argent, la propriété, la jouissance ou l'usage de certains meubles ou immeubles, ou bien l'exercice de quelque métier ou profession.

II. ENGAGEMENTS DES ASSOCIÉS. — *L'associé qui ne réalise pas son apport dans le temps convenu, ou qui prend dans la caisse commune des sommes pour son utilité particulière, en doit-il de plein droit les intérêts?*

Oui ; l'associé qui est en retard de réaliser son apport ou qui prend dans la caisse commune des sommes pour son utilité particulière, en doit de plein droit les intérêts. Bien plus, comme il viole son devoir d'associé, il peut être condamné à de plus amples dommages-intérêts.

Quels soins l'associé est-il tenu d'apporter aux affaires communes?

Il suffit que l'associé apporte aux affaires communes les mêmes soins qu'à ses propres affaires.

L'associé peut-il compenser le préjudice que, dans une affaire, il a causé par sa négligence à la société, avec les grands profits qu'il lui a procurés dans d'autres affaires par son extrême diligence?

Non; l'associé ne peut point compenser ses fautes dans une affaire avec sa diligence dans une autre affaire : il est toujours tenu de réparer le préjudice qui lui est imputable.

Quelles sont les parts des divers associés dans les bénéfices et dans les pertes?

A défaut de convention, chaque associé a droit à une part proportionnelle à sa mise. L'associé qui n'apporte que son industrie a la même part que celui qui a mis en société la plus faible valeur.

Tous les associés peuvent-ils administrer les affaires sociales?

Oui, tous les associés peuvent administrer les affaires sociales ; mais ils choisissent ordinairement parmi eux un ou plusieurs gérants, et par là ils abdiquent, en faveur des gérants, leur droit d'administrer.

Les gérants peuvent-ils être révoqués?

Si les gérants sont nommés après la constitution de la société, ils peuvent, par une délibération réunissant la majorité des associés, être révoqués et remplacés. Si, au contraire, ils sont nommés par l'acte social, la majorité des associés ne peut point les révoquer; toutefois, le tribunal peut les révoquer pour fraudes ou pour fautes graves, mais cette révocation a pour effet de dissoudre la société.

Quels pouvoirs ont les gérants?

Lorsque la convention ne s'exprime pas à cet égard, les gérants ont seulement le pouvoir de faire des actes d'administration.

Quels sont les droits des créanciers de la société?

Les créanciers de la société ont le droit de se faire payer sur les biens de la société par préférence aux créanciers personnels des associés ; ils peuvent aussi demander à chaque associé sa part de la dette.

III. Fin de la société. — *Comment finit la société?*

La société finit de cinq manières : 1° par l'expiration du temps convenu ; 2° par la perte du fonds social ou même de la chose dont un associé a mis seulement la jouissance en société ; 3° par la consommation de l'opération ; 4° par la mort d'un associé ; 5° par l'interdiction légale ou judiciaire d'un associé, par sa faillite ou par sa déconfiture ; 6° enfin, par la volonté d'un associé de n'être plus en société, s'il s'agit d'une société faite pour une durée illimitée.

TITRE X. — Du prêt.

Combien y a-t-il de sortes de prêt?

Il y a quatre sortes de prêt : 1° le prêt à usage ou commodat ; 2° le prêt de consommation ou simple prêt ; 3° le prêt à intérêt ; 4° enfin le prêt avec constitution de rente.

I. Prêt a usage ou commodat. — *Qu'est-ce que le commodat?*

Le commodat est un contrat par lequel une partie livre une chose à l'autre, afin que celle-ci s'en serve gratuitement et la restitue identiquement après en avoir fait l'usage convenu.

Le commodataire devient-il propriétaire de la chose?

Non ; la chose remise en commodat continue à rester la propriété du commodant ; si le commodataire la vendait, il se rendrait coupable du délit d'abus de confiance.

Quelles sont les obligations du commodataire?

Les obligations du commodataire sont : 1° de veiller avec une grande diligence à la conservation de la chose ;

2° de n'employer cette chose qu'à l'usage auquel elle est destinée ; 3° de la restituer après qu'il s'en est servi.

Quelles sont les obligations du commodant?

Le commodant est tenu : 1° de rembourser au commodataire le montant de ses dépenses extraordinaires, nécessaires et urgentes ; 2° de réparer le préjudice résultant de défauts cachés qu'il connaissait et dont il n'a pas averti le commodataire.

S'il y a plusieurs commodants ou plusieurs commodataires, sont-ils obligés solidairement?

Comme les commodataires reçoivent un service gratuit, la loi les déclare obligés solidairement envers le commodant ; mais les commodants ne sont pas tenus solidairement envers le commodataire.

Si la chose remise en commodat périt, qui supporte la perte?

La perte de la chose remise en commodat est supportée par le commodant, quand aucune faute n'est imputable au commodataire. Celui-ci supporterait cependant la perte arrivée par cas fortuit, si la chose lui avait été remise avec estimation.

II. PRÊT DE CONSOMMATION. — *Qu'est-ce que le prêt de consommation?*

Le prêt de consommation est un contrat par lequel une partie transfère à l'autre la propriété d'une certaine quantité de choses qui s'estiment au compte, au poids ou à la mesure, à la charge par celle-ci d'en rendre autant de même nature et de même qualité.

Le prêt de consommation fait-il naître plusieurs obligations?

Non ; le prêt de consommation est un contrat unilatéral qui ne fait naître qu'une seule obligation, celle de l'emprunteur qui doit se libérer au temps convenu.

Si l'emprunteur ne satisfait pas à son obligation au temps convenu, doit-il des intérêts?

Non ; les intérêts des sommes prêtées ne courent contre l'emprunteur, à moins de stipulation contraire, que du jour de la demande en justice.

III. PRÊT A INTÉRÊT. — *Quelles choses peut-on prêter à intérêt ?*

On peut prêter à intérêt de l'argent, des denrées et autres choses mobilières.

Combien y a-t-il de sortes d'intérêt ?

Il y a deux sortes d'intérêt : 1° l'intérêt *légal*, qui est, en matière civile, de cinq pour cent par an, et, en matière commerciale, de six pour cent ; 2° l'intérêt *conventionnel*, qui peut être inférieur au taux légal, mais qui ne doit jamais, sous les peines du délit d'usure, le dépasser.

Si l'emprunteur a payé des intérêts non stipulés, peut-il les répéter ?

Non ; celui qui a payé des intérêts non stipulés n'a pas fait un payement indu, car il s'est acquitté d'une sorte de dette naturelle.

La quittance du capital fait-elle supposer le payement des intérêts stipulés ?

Oui, la quittance du capital fait supposer le payement des intérêts, puisque toute somme payée s'impute d'abord sur les intérêts.

IV. PRÊT AVEC CONSTITUTION DE RENTE. — *Comment une rente peut-elle être constituée ?*

Une rente peut être constituée en perpétuel ou en viager, à titre onéreux ou à titre gratuit.

A quel contrat ressemble la rente constituée à titre onéreux ?

La rente constituée à titre onéreux ressemble à une vente : le constituant, c'est-à-dire celui qui s'oblige à payer les arrérages, est un vendeur ; celui qui s'oblige à payer une somme, une chose mobilière ou un immeuble, pour obtenir le droit de réclamer des arrérages à certaines époques périodiques, est un acheteur.

La rente perpétuelle est-elle rachetable?

Oui, la rente perpétuelle est essentiellement rachetable : le vendeur de la rente peut éteindre son obligation, en donnant à l'acheteur un capital représentnat vingt fois le montant des arrérages annuels.

Peut-on valablement convenir que la rente perpétuelle ne sera rachetable qu'après un certain délai?

Oui, la convention portant que la rente perpétuelle ne sera rachetable qu'après un certain délai est valable ; mais ce délai ne peut pas excéder dix ans ou trente ans, selon que le prix d'achat consiste en un capital mobilier ou bien en immeubles.

Le vendeur de la rente perpétuelle peut-il être contraint au rachat ?

Non, en général, le vendeur de la rente perpétuelle ne peut pas être contraint au rachat; mais cette règle souffre exception dans trois cas : 1° si le vendeur de la rente n'a pas fourni les sûretés promises par le contrat ; 2° s'il est tombé en faillite ou en déconfiture; 3° enfin, s'il a cessé de remplir son obligation de payer les arrérages.

TITRE XI. — Du dépôt et du séquestre.

§ 1er. — Du dépôt.

Qu'est-ce que le dépôt?

Le dépôt est un contrat par lequel une personne remet sa chose mobilière à une autre qui s'oblige à la garder et à la restituer en nature.

Combien y a-t-il de sortes de dépôt?

Il y a deux sortes de dépôt : le dépôt volontaire et le dépôt nécessaire.

I. Dépôt volontaire. — *Qu'est-ce que le dépôt volontaire?*

Le dépôt volontaire est celui qui est fait du libre consentement des parties.

Comment le dépôt volontaire peut-il être prouvé?

Le dépôt volontaire peut être prouvé par écrit, et même par témoins. Mais si le dépôt est d'une valeur excédant 150 fr., son existence ne peut pas être prouvée par témoins; à défaut d'écrit, le dépositaire est cru sur son affirmation relativement au fait du dépôt, à sa restitution et à la valeur des choses déposées.

Quelles sont les obligations du dépositaire?

Les obligations du dépositaire sont : 1° d'apporter à la garde des choses déposées les mêmes soins qu'à ses propres affaires, de ne pas s'en servir sans la permission expresse du déposant, et même de ne pas chercher à les connaître si elles sont renfermées dans une enveloppe ou dans un coffre; 2° de faire la restitution des choses déposées au lieu et au temps convenus, et même à la première demande du déposant ou de son représentant.

A quoi est tenu le déposant?

Le déposant est tenu de payer les dépenses nécessaires et utiles que le dépositaire a faites, et de l'indemniser des pertes que le dépôt lui a occasionnées. Pour sûreté du payement de ses dépenses, le dépositaire peut retenir la chose déposée.

Que doit faire le dépositaire, s'il apprend que la chose déposée a été volée?

Si le dépositaire apprend que la chose déposée a été volée, il doit dénoncer au propriétaire le fait du dépôt et le sommer de réclamer la chose dans un délai suffisant.

Si la chose déposée périt pas cas fortuit, qui en subit la perte?

Quand la chose déposée périt par cas fortuit, cette perte est supportée par le déposant.

Le dépositaire peut-il vendre la chose déposée?

Non, le dépositaire ne peut pas vendre la chose déposée, puisqu'il doit la rendre identiquement au déposant. S'il la vendait, il commettrait un abus de confiance et deviendrait ainsi passible de la peine d'emprisonnement ; bien plus, il ne pourrait pas être recevable à invoquer le bénéfice de la cession de biens judiciaire, ce bénéfice n'étant accordé qu'au débiteur de bonne foi.

Quand le dépositaire a vendu et livré la chose déposée à un acheteur de bonne foi, le déposant peut-il la revendiquer ?

Non ; le propriétaire qui a été volé peut, il est vrai, revendiquer sa chose contre un possesseur de bonne foi ; mais l'abus de confiance ne constituant pas un vol proprement dit, le déposant ne peut pas revendiquer la chose contre un tiers qui a juste titre et bonne foi.

II. Dépôt nécessaire. — *Qu'est-ce que le dépôt nécessaire ?*

Le dépôt nécessaire est celui qui a été forcé par quelque accident, tel qu'un incendie, une ruine, un pillage, un naufrage ou un événement imprévu. On lui assimile l'apport des effets d'un voyageur dans un hôtel ou dans une auberge.

Les règles du dépôt volontaire sont-elles toutes applicables au dépôt nécessaire ?

Oui, les règles du dépôt volontaire sont applicables au dépôt nécessaire ; mais, quand il s'agit du dépôt nécessaire, la preuve testimoniale est admissible, quelque grande que soit la valeur des choses déposées.

§ 2. — Du séquestre.

Qu'est-ce que le séquestre ?

Le séquestre est le dépôt d'un meuble ou d'un immeuble sur lequel il y a contestation.

Combien y a-t-il de sortes de séquestre ?

Il y a deux sortes de séquestre : le séquestre conventionnel et le séquestre judiciaire.

Qu'est-ce que le séquestre conventionnel?

Le Code Napoléon donne cette définition : « Le séquestre conventionnel est le dépôt fait par une ou plusieurs personnes, d'une chose contentieuse, entre les mains d'un tiers qui s'oblige à la rendre, après la contestation terminée, à la personne qui sera jugée devoir l'obtenir. »

Qu'est-ce que le séquestre judiciaire?

Le séquestre judiciaire est celui qui est ordonné par la justice.

Dans quels cas la justice ordonne-t-elle le séquestre?

La justice ordonne le séquestre dans les trois cas suivants : 1° si un créancier pratique une saisie sur les meubles de son débiteur ; 2° si le possesseur de la chose litigieuse n'offre pas de garantie et fait des actes de nature à inspirer à son adversaire des craintes sérieuses ; 3° enfin, si le créancier refuse de recevoir les choses que le débiteur offre pour sa libération.

TITRE XII. — DES CONTRATS ALÉATOIRES.

Qu'est-ce qu'un contrat aléatoire?

Un contrat aléatoire est celui qui contient des chances de gain ou de perte pour chacune des parties, d'après un événement incertain.

Quels sont les principaux contrats aléatoires?

Les principaux contrats aléatoires sont le jeu, le pari et la rente viagère, dont traite le Code Napoléon ; il y a encore le contrat d'assurance contre l'incendie ou contre les sinistres de mer, et toute espèce d'assurance.

I. JEU ET PARI. — *Les dettes résultant des conventions de jeu et de pari sont-elles civilement obligatoires?*

Non ; la loi considère le jeu et le pari comme funestes aux personnes, aux familles et à la société ; c'est pourbuoi elle refuse au gagnant toute action en payement.

Mais le perdant n'est pas admis à répéter comme payement indu ce qu'il a donné, à moins que le gagnant ne se soit rendu coupable de dol, de supercherie ou d'escroquerie.

Les dettes de jeu ne sont-elles pas quelquefois obligatoires?

Oui ; les dettes modiques sont obligatoires pour jeux propres à exercer aux armes, aux courses à pied ou à cheval, et pour jeux de paume et autres qui tiennent à l'adresse et à l'exercice du corps ; mais si les dettes sont excessives eu égard à la fortune des joueurs, le tribunal les considère comme immorales, et il rejette entièrement la demande en payement formée par le gagnant.

II. Rente viagère. — *Qu'est-ce que la rente viagère?*

La rente viagère est celle qui est destinée à durer et à produire des arrérages pendant la vie d'une ou plusieurs personnes déterminées.

A quel titre la rente viagère peut-elle être constituée?

La rente viagère peut être constituée à titre gratuit ou à titre onéreux.

La rente viagère qui est constituée à titre onéreux est-elle, comme la rente perpétuelle, une véritable vente?

Oui, la rente viagère constituée à titre onéreux est une vente : l'objet de l'obligation du vendeur est la rente elle-même, qui est productive d'arrérages ; l'objet de l'obligation de l'acheteur est l'argent, les meubles ou les immeubles qu'il s'oblige à donner comme prix d'acquisition de la rente.

Sur la tête de quelles personnes, c'est-à-dire pendant la vie de quelles personnes la rente viagère peut-elle être constituée?

La rente viagère peut être constituée sur la tête du débiteur, sur la tête du créancier ou même sur la tête d'un tiers.

N'existe-t-il pas un cas particulier de nullité de contrat de rente viagère?

Oui : la constitution de la rente viagère est nulle si elle est mise sur la tête d'une personne atteinte d'une maladie dont elle meurt dans les vingt jours de la date du contrat.

Le vendeur de la rente viagère peut-il la racheter?

Non ; le vendeur ne peut pas racheter la rente viagère, quelque onéreuse qu'elle puisse devenir pour lui, alors même qu'il renoncerait à la répétition des arrérages payés.

L'acheteur de la rente viagère peut-il contraindre le vendeur au rachat?

Non : cependant l'acheteur de la rente viagère peut contraindre le vendeur au rachat dans le cas où celui-ci refuse de donner les sûretés promises par le contrat.

Comment s'éteint la rente viagère?

La rente viagère s'éteint par la mort de la personne sur la tête de laquelle elle est constituée, et par la résolution prononcée pour défaut des sûretés promises par le débiteur.

TITRE XIII. — Du mandat.

Qu'est-ce que le mandat?

Le mandat est un contrat par lequel une personne donne à quelqu'un, qui accepte, le pouvoir de faire quelque chose pour elle et en son nom.

Comment désigne-t-on les parties qui figurent dans le mandat?

Celui qui donne le pouvoir d'agir pour lui est appelé *mandant* : celui qui accepte le pouvoir prend le nom de *mandataire.*

Comment appelle-t-on l'écrit constatant l'existence du mandat?

On appelle l'écrit constatant l'existence du mandat par les noms de *mandat*, de *pouvoir* ou de *procuration*.

Par quels moyens prouve-t-on le mandat?

La preuve du mandat donné peut être faite, entre les parties, par écrit et même par témoins s'il s'agit de valeur ne dépassant pas cent cinquante francs ; mais quand le mandataire est chargé de traiter avec des tiers qui ne connaissent point parfaitement la signature du mandant, il est nécessaire que la procuration soit notariée. Quant à la preuve de l'acceptation du mandat donné, elle résulte suffisamment de l'exécution.

Le mandataire est-il salarié?

Non ; les bons offices du mandataire sont gratuits, s'il n'y a convention contraire.

Combien distingue-t-on de sortes de mandat?

On distingue deux sortes de mandat : le mandat spécial, qui concerne une ou plusieurs affaires déterminées, et le mandat général, qui comprend tous les actes d'administration.

Le mandataire qui a le pouvoir de vendre ou d'hypothéquer une chose, peut-il faire un acte moins important, par exemple, louer la chose?

Non ; le mandataire doit, sous peine de nullité à l'égard du mandant, se renfermer rigoureusement dans les termes de la procuration.

Le mandataire qui traite en cette qualité avec des tiers dans la limite de ses pouvoirs, devient-il personnellement leur créancier ou leur débiteur?

Non ; le mandataire ne fait que représenter le mandant dont il prolonge en quelque sorte la main et la voix ; c'est donc sur le mandant que reposent toutes les obligations actives et passives naissant, à l'égard des tiers, de l'exécution du mandat.

Quelles sont les obligations du mandataire?

Les obligations du mandataire sont : 1° d'exécuter avec diligence la mission acceptée ; 2° de rendre compte au mandant de sa gestion ; 3° de lui remettre tout ce qu'il a reçu à l'occasion du mandat.

Le mandant peut-il agir directement contre celui que le mandataire s'est substitué ?

Oui, le mandant a une action directe contre le substitué ; mais il peut aussi agir contre le mandant qui a fait la substitution sans en avoir reçu le pouvoir.

Quelles sont les obligations du mandant ?

Les obligations du mandant sont : 1° d'exécuter les engagements pris par le mandataire dans la limite de ses pouvoirs ; 2° de rembourser au mandataire les avances qu'il a faites, avec les intérêts à partir du jour des avances ; 3° d'indemniser le mandataire des pertes qu'il a essuyées à l'occasion de sa gestion ; 4° de payer au mandataire les salaires ou honoraires convenus ou fixés par la loi.

S'il y a plusieurs mandants ou plusieurs mandataires, la solidarité existe-t-elle ?

La solidarité existe entre les mandants envers le mandataire ; mais elle n'existe point entre les mandataires envers le mandant, par la raison qu'ils rendent à celui-ci un service ordinairement gratuit.

Comment finit le mandat ?

Le mandat finit de trois manières : 1° par la révocation du mandataire ; le mandant peut la faire quand il lui plaît, sans avoir besoin d'exposer ses motifs ; 2° par la renonciation du mandataire, mais celui-ci ne peut pas refuser, en temps inopportun, de remplir la mission qu'il a acceptée ; 3° enfin, par la mort, l'interdiction, la faillite ou la déconfiture du mandant ou du mandataire. Dans tous les cas, les actes faits par le mandataire révoqué produisent leur effet en faveur des tiers de bonne foi, de même que si la révocation n'existait pas.

TITRE XIV. — DU CAUTIONNEMENT.

Qu'est-ce que le cautionnement?

Le cautionnement est un contrat accessoire par lequel une personne s'engage envers un créancier à payer la dette d'un tiers.

Quelles obligations peut-on cautionner?

On peut cautionner toute obligation civile ou même naturelle.

Peut-on cautionner une obligation entachée d'un vice?

On peut cautionner une obligation entachée du vice d'incapacité de la femme mariée, du mineur ou de l'interdit; mais s'il s'agit d'autres vices, le cautionnement est nul.

I. ÉTENDUE DU CAUTIONNEMENT. — *Le cautionnement est-il valable si la caution s'oblige à payer plus que ne doit le débiteur, ou si elle s'oblige sous des conditions plus onéreuses?*

Oui, le cautionnement qui excède la dette principale est valable, mais seulement dans la mesure de la somme et des conditions de cette dette que l'engagement accessoire de la caution ne peut jamais dépasser.

L'engagement de la caution peut-il être moins étendu que l'engagement principal, et être formé sous des conditions moins onéreuses?

Oui; la caution peut s'engager seulement pour une partie de la dette; elle peut aussi stipuler qu'elle sera tenue sous des conditions moins onéreuses, qu'elle sera, par exemple, affranchie de la contrainte par corps dont le débiteur serait passible.

Si la caution ne restreint pas l'étendue de son engagement, qu'est-ce qu'elle doit?

La caution qui ne restreint pas l'étendue de son engagement doit le montant de l'obligation principale avec les accessoires et intérêts ; elle doit aussi les frais de justice, si les poursuites faites contre le débiteur lui ont été dénoncées.

Le cautionnement se présume-t-il?

Non ; à cause des dangers que renferme le cautionnement, la loi dispose qu'il doit nécessairement être conçu en termes exprès.

Le débiteur peut-il être tenu de fournir caution?

Oui, le débiteur peut être tenu de fournir caution en vertu d'une convention, en vertu de la loi ou en vertu d'un jugement. La caution est donc, selon les cas, conventionnelle, légale ou judiciaire.

Le débiteur qui est tenu de fournir caution peut-il présenter à cet effet toute personne?

Non ; la personne présentée pour caution doit : 1° avoir la capacité de s'obliger ; 2° être domiciliée dans le ressort de la cour impériale du lieu où la caution doit être fournie ; 3° posséder des immeubles suffisants pour répondre du payement de l'obligation, car la solvabilité de la caution ne s'apprécie pas d'après la valeur des meubles, si ce n'est en matière de commerce. Elle doit aussi, lorsqu'il s'agit de caution judiciaire, être susceptible de la contrainte par corps.

Si la caution devient insolvable, le créancier peut-il exiger une autre caution?

Oui ; l'insolvabilité de la caution rendant sa garantie illusoire, le créancier peut exiger une autre caution, à moins que, dans la convention, il n'ait demandé pour caution la personne maintenant insolvable.

II. **Effet du cautionnement.** — *Quels effets produit le cautionnement?*

Le cautionnement donne au créancier le droit de poursuivre la caution en payement de la dette et de ses accessoires ; il lui donne aussi, quand il y a plusieurs cautions, le droit de poursuivre chacune d'elles pour la totalité de ce qui lui est dû.

*La caution qui est poursuivie par le créancier en paye-
ment de la dette, ne jouit-elle pas de certains bénéfices?*

Oui ; la caution poursuivie en payement de la dette
jouit du bénéfice de subrogation, du bénéfice de discussion et du bénéfice de division.

Qu'est-ce que le bénéfice de subrogation?

Le bénéfice de subrogation est la translation, s'opé-
rant de plein droit au profit de la caution qui paye la
dette, de toutes les garanties, privilèges et hypothèques qu'avait le créancier.

Qu'est-ce que le bénéfice de discussion?

Le bénéfice de discussion est le droit que, par des
motifs d'équité, la loi donne à la caution qui est poursuivie en payement par le créancier, d'exiger que celui-ci fasse d'abord vendre les biens du débiteur principal pour être payé sur leur prix.

*La caution qui entend jouir du bénéfice de discussion,
a-t-elle besoin de l'invoquer?*

Oui ; la caution ne jouit du bénéfice de discussion
que si elle l'invoque sur les premières poursuites,
c'est-à-dire avant tout moyen de défense au fond ; elle
doit, en outre, indiquer des biens suffisants appartenant
au débiteur, et faire les avances nécessaires pour la
discussion de ces biens.

Qu'est-ce que le bénéfice de division?

Le bénéfice de division est le droit que la loi donne
à celle des cautions qui est poursuivie en payement de
toute la dette par le créancier, d'exiger, en offrant sa
part contributoire de la dette, que le créancier demande
une part à chacune des autres cautions.

Le bénéfice de division a-t-il besoin d'être invoqué?

Oui, de même que le bénéfice de discussion, le bénéfice de division a besoin d'être invoqué avant tout
moyen de défense au fond ; mais la caution qui l'invoque n'est pas soumise à la nécessité d'indiquer les biens

des autres cautions ni de faire des avances pour la discussion de ces biens.

Si le créancier auquel la caution poursuivie a opposé le bénéfice de discussion ou de division trouve le débiteur ou les cautions insolvables, a-t-il un recours contre la caution qui a invoqué le bénéfice?

Si l'insolvabilité du débiteur ou des cautions existait déjà lors de l'invocation du bénéfice de discussion ou de division, le créancier a le droit de recourir contre la caution qui a invoqué ce bénéfice; mais si l'insolvabilité n'est survenue que postérieurement, il n'a aucun recours.

Toute caution jouit-elle des bénéfices de subrogation, de discussion et de division?

Toute caution jouit du bénéfice de subrogation ; mais la caution conventionnelle et la caution légale jouissent seules, à l'exclusion de la caution judiciaire, des bénéfices de discussion et de division, et encore faut-il qu'elles n'y aient pas renoncé lors de leur engagement.

Lorsque la caution a payé la dette, que peut-elle réclamer au débiteur principal?

La caution qui a payé peut réclamer au débiteur le montant de la dette, les frais et les intérêts de toutes ses avances.

La caution a-t-elle aussi, après le payement, une action contre les autres cautions?

Oui, la caution qui a payé toute la dette a le droit de demander une part de ce qu'elle a payé à chacune des autres cautions ; si quelques-unes d'elles sont insolvables, celles qui sont solvables contribuent à la perte.

La caution a-t-elle quelquefois le droit d'agir en recours contre le débiteur principal avant que d'avoir acquitté la dette?

Oui ; la caution peut, avant que d'avoir payé la dette, agir en recours contre le débiteur principal dans les cas suivants : 1° si elle est poursuivie en payement ; 2° si la dette est exigible : 3° si le débiteur est tombé en faillite ou en déconfiture ; 4° si le débiteur a promis qu'il déchargerait la caution dans un certain délai qu'il a laissé passer.

Quel effet produit, à l'égard de la caution, l'acte par lequel le créancier accorde un terme à son débiteur?

Ceux qui sont dans le lien de la même obligation étant considérés comme pouvant rendre la condition de leurs coobligés meilleure, sans pouvoir la rendre pire, la caution a le droit de se prévaloir du terme accordé par le créancier au débiteur, ou de le considérer comme nul en ce qui la concerne.

III. EXTINCTION DU CAUTIONNEMENT. — *Comment s'éteint l'obligation de la caution?*

L'obligation de la caution s'éteint, en sa qualité d'accessoire, par tout mode d'extinction de l'obligation principale. Cependant, lorsque le débiteur fait annuler son obligation pour cause d'incapacité, la caution reste encore obligée.

L'engagement de la caution ne peut-il pas s'éteindre avant l'engagement principal?

Oui ; l'engagement de la caution s'éteint avant l'engagement principal dans les quatre cas suivants : 1° si le créancier libère la caution ; 2° si la caution succède au débiteur ou au créancier ; 3° si le créancier empêche la subrogation à ses droits en laissant s'éteindre ses priviléges ou hypothèques ; 4° enfin, si le créancier a consenti à recevoir en payement de son débiteur une chose dont il est ensuite évincé.

TITRE XV. — DES TRANSACTIONS.

Qu'est-ce que la transaction?

La transaction est une convention par laquelle les

parties terminent une contestation née ou préviennent une contestation à naître.

Est-ce que tout débat n'est pas une contestation?

Non : la transaction suppose toujours un débat ; mais le débat ne devient contestation que lorsqu'il est porté devant le tribunal et que le défendeur oppose des moyens de défense sur le fond de la chose demandée.

Est-il généralement plus utile de transiger que de plaider?

Oui ; la plupart du temps un arrangement qui contient même quelque sacrifice pénible, vaut mieux qu'un procès gagné.

Comment la transaction devient-elle parfaite?

La transaction devient parfaite par le seul consentement des parties ; mais son existence ne peut, de même que celle du louage, être prouvée que par écrit.

Sur quelles choses peut-on transiger?

On peut transiger sur toute espèce de choses, même sur l'intérêt civil résultant d'un délit. Toutefois, la transaction est nulle, si elle a pour objet une question d'état, une pension alimentaire constituée à titre d'aliments, une séparation de biens ou de corps.

Qui peut transiger?

Toute personne peut transiger sur la chose dont elle peut librement disposer à titre onéreux.

La transaction n'est-elle pas quelquefois annulable?

Oui ; la transaction est annulable lorsqu'elle est entachée d'un vice de consentement ou de capacité, ou lorsqu'elle est faite sur pièces fausses ou dans l'ignorance de pièces nouvellement découvertes et prouvant clairement que l'une des parties n'avait absolument aucun droit.

TITRE XVI. — DE LA CONTRAINTE PAR CORPS.

Qu'est-ce que la contrainte par corps?

La contrainte par corps est une voie d'exécution que le créancier exerce sur la personne de son débiteur, en le mettant en prison pour le contraindre à payer sa dette.

Le débiteur peut-il être emprisonné par son créancier arbitrairement?

Non ; le débiteur ne peut être emprisonné par son créancier qu'en vertu d'un jugement autorisant cette voie rigoureuse d'exécution.

Par quelle loi est régie la contrainte par corps?

La contrainte par corps est maintenant régie par la loi du 27 juillet 1867.

En quelles matières le débiteur était-il contraignable par corps avant la loi de 1867?

Avant cette loi, le débiteur était contraignable par corps non-seulement en matière pénale, mais encore en matière commerciale; dans certains cas, en matière civile, et, en toutes matières, s'il était étranger.

Le tribunal de commerce prononçait-il toujours la contrainte par corps?

Non, le tribunal de commerce ne prononçait la contrainte par corps que pour dette commerciale dont le montant en principal s'élevait au moins à 200 fr.

Dans quels cas le tribunal civil condamnait-il le débiteur par corps?

Le tribunal civil condamnait le débiteur par corps, lorsque la dette s'élevait au moins à 300 fr. et qu'elle avait l'une des dix causes déterminées par la loi, par exemple, le stellionat, ou le dépôt nécessaire.

L'étranger débiteur d'un Français était-il contraignable par corps quel que fût le montant de sa dette?

Non, l'étranger n'était contraignable par corps que lorsque sa dette s'élevait au moins à 150 fr.

Pendant quelle durée le débiteur pouvait-il être retenu dans la prison pour dettes?

Cette durée variait, selon le montant de la condamnation, de six mois à cinq ans.

Quelle est, à cet égard, la disposition de la loi du 27 juillet 1867?

Cette loi dispose ainsi dans son article 1er : « La contrainte par corps est supprimée en matière commerciale, civile, et contre les étrangers. »

Pourquoi cette voie d'exécution, qui favorisait l'exécution des engagements, la foi due au contrat, et le crédit général, a-t-elle été supprimée?

Cette voie d'exécution a été supprimée, après de vifs débats, parce que, selon l'Exposé des motifs, elle sacrifiait les intérêts moraux les plus sacrés du débiteur à l'intérêt matériel le plus faible du créancier.

Est-ce que la contrainte par corps n'existe plus?

Cette contrainte a été maintenue par la loi du 27 juillet 1867 en matière *pénale*, c'est-à-dire, en matière de crimes, de délits et de contraventions.

Au profit de qui existe la contrainte par corps?

Cette voie d'exécution existe au profit de l'État, et au profit des particuliers que l'infraction a lésés dans leurs intérêts, dans leur personne, ou dans leur honneur.

Dans quel but l'État exerce-t-il la contrainte par corps?

L'État exerce la contrainte par corps, contre le condamné, pour obtenir soit le payement de l'amende, soit des restitutions et des dommages et intérêts.

Dans quel but le particulier lésé par une infraction exerce-t-il la contrainte par corps?

Le particulier exerce la contrainte par corps pour obtenir plus sûrement l'exécution de la sentence qui a condamné, à son profit, le coupable à des restitutions, dommages-intérêts et frais.

Quelle est maintenant la durée de la contrainte par corps?

La durée de la contrainte par corps varie selon le montant de la condamnation : elle est de deux jours au moins, et de deux ans au plus.

Le particulier lésé par une infraction peut-t-il contraindre par corps tout infracteur?

Non, le créancier ne peut exercer la contrainte par corps ni contre son conjoint, ni contre ses ascendants ou descendants, ni contre ses frères, sœurs, oncles, tantes, grands-oncles, grand'tantes, neveux, nièces, petits-neveux, petites-nièces, ni contre ses alliés aux mêmes degrés.

Le créancier qui contraint son débiteur par corps est-il tenu de lui fournir en prison des aliments?

Oui, le créancier est tenu de consigner, pour aliments du débiteur emprisonné, par chaque période de trente jours, 45 francs à Paris, 40 francs dans une ville de cent mille âmes et au-dessus, et 35 francs dans les autres villes.

Le débiteur qui sort de la prison pour dettes où son créancier l'avait renfermé, se trouve-t-il maintenant libéré de sa dette?

Non : loin d'être éteinte, la dette du débiteur est augmentée de la somme fournie pour son incarcération et pour ses aliments.

TITRE XVII. — Du nantissement : Gage, Antichrèse.

Qu'est-ce que le nantissement?

Le nantissement est un contrat accessoire par lequel le débiteur, ou un tiers pour lui, remet une chose mobilière ou immobilière au créancier en garantie de son payement.

Comment le contrat de nantissement est-il parfait?

Le contrat de nantissement est parfait par la convention suivie de la remise de la chose affectée au payement.

*Les parties peuvent-elles convenir qu'à défaut de paye-
ment à l'échéance, le créancier deviendra propriétaire de
la chose remise en nantissement?*

Non ; les parties ne peuvent pas convenir valablement
que le créancier deviendra, à défaut de payement à
l'échéance, propriétaire de la chose qui lui a été remise
en nantissement; la loi ne veut pas qu'un débiteur qui
compte souvent trop sur ses ressources dans l'avenir, se
trouve ainsi entièrement dépouillé de la propriété d'une
chose dépassant la plupart du temps beaucoup en valeur
le montant de sa dette.

Combien y a-t-il de sortes de nantissement?

Il y a deux sortes de nantissement : le gage, qui est le
nantissement des meubles, et l'antichrèse, qui est le
nantissement des immeubles.

I. GAGE. — *Quelles conditions sont requises pour la
validité du gage?*

Deux conditions sont requises pour la validité du gage :
1° le meuble qui est l'objet du gage doit être remis au
créancier ou à un tiers dont conviennent les parties;
2° quand l'objet du gage est d'une valeur excédant cent
cinquante francs, il faut qu'il y ait un écrit notarié ou
un sous seing privé enregistré, et que cet écrit exprime
la somme due, l'espèce et la nature des choses remises
en gage.

Peut-on remettre en gage des créances?

Oui, on peut remettre des créances en gage ; mais alors
il faut toujours, quand même la créance serait d'une
faible somme, que le gage soit constitué par écrit, et
que cet écrit soit enregistré et signifié au débiteur de la
créance remise en gage.

*Quels sont les droits du créancier sur la chose qui lui
est remise en gage?*

Le créancier a sur la chose qui lui est remise en gage
les droits suivants : 1° de retenir la chose jusqu'à son
payement intégral; 2° de faire vendre la chose aux

enchères publiques, sans avoir besoin de pratiquer une saisie; 3° d'être payé sur le prix de la chose par privilége et préférence aux autres créanciers; 4° enfin, de faire ordonner par justice que cette chose lui restera en payement sur estimation d'experts.

Quelles sont les obligations du créancier gagiste?

Les obligations du créancier gagiste sont de veiller en bon père de famille à la conservation de la chose et de la restituer après qu'il a été entièrement payé.

Le débiteur gagiste n'a-t-il pas une obligation à remplir envers son créancier?

Oui; le débiteur gagiste doit tenir compte à son créancier des dépenses nécessaires et utiles que celui-ci a faites sur la chose.

Le créancier peut-il prescrire la chose qui lui est remise en gage?

Non, le créancier ne peut pas prescrire la chose qui lui est remise en gage, car il ne la possède pas à titre de propriétaire.

II. ANTICHRÈSE. — *Quelles conditions sont requises pour la validité de l'antichrèse?*

Pour la validité de l'antichrèse, il faut : 1° que l'immeuble soit remis au créancier ; 2° qu'il y ait un écrit notarié ou un sous seing privé enregistré : 3° enfin, que cet écrit soit transcrit au bureau des hypothèques de la situation de l'immeuble.

Quels droits le créancier antichrésiste a-t-il sur l'immeuble?

Le créancier antichrésiste a : 1° le droit de retenir l'immeuble jusqu'à parfait payement ; 2° la faculté d'en percevoir les fruits, mais à la charge de les imputer, déduction faite des frais, sur les intérêts et sur le capital de sa créance. Mais il n'a, en sa seule qualité d'antichrésiste, absolument aucun droit de préférence sur le **prix** de l'immeuble.

Le créancier antichrésiste peut-il invoquer sa faculté de percevoir les fruits contre les créanciers hypothécaires?

Oui, le créancier antichrésiste peut invoquer sa faculté de percevoir les fruits contre les créanciers hypothécaires, mais seulement contre ceux qui n'ont pris inscription que postérieurement à la transcription de son acte d'antichrèse.

Quelles sont les obligations du créancier antichrésiste?

Les obligations du créancier antichrésiste sont de payer les contributions et autres charges annuelles de l'immeuble, et de faire les réparations nécessaires; mais il se rembourse de toutes ses avances sur le prix des fruits de l'immeuble.

TITRE XVIII. — DES PRIVILÉGES ET HYPOTHÈQUES.

Sur quels biens le débiteur est-il tenu d'exécuter ses obligations?

Le débiteur est tenu d'exécuter ses obligations sur tous ses biens meubles et immeubles, présents et à venir.

Comment les créanciers viennent-ils sur le prix des biens du débiteur commun?

Les créanciers viennent tous également sur le prix des biens du débiteur commun; en cas d'insuffisance du prix, chacun d'eux supporte dans la perte une part proportionnelle au montant de sa créance.

N'existe-t-il pas des causes de préférence, c'est-à-dire des causes qui confèrent à quelques créanciers le droit d'être payés avant les autres?

Oui; il existe deux causes de préférence : ce sont les priviléges et les hypothèques.

SECTION Ire. — DES PRIVILÉGES.

Qu'est-ce que le privilége?

Le privilége est un droit que la qualité de la créance

donne à un créancier d'être préféré aux autres créanciers, même hypothécaires.

Qu'est-ce que la loi prend en considération pour accorder des priviléges et pour fixer leur rang?

Pour accorder des priviléges et pour fixer leur rang, la loi prend en considération uniquement la qualité des créances ; elle n'a aucun égard à la nature des titres, ni à la qualité des personnes, ni à la date des créances.

Comment la loi divise-t-elle les priviléges?

La loi divise les priviléges en deux classes : 1° les priviléges sur les meubles, 2° les priviléges sur les immeubles.

§ 1er. — Des priviléges sur les meubles.

Combien y a-t-il de sortes de priviléges sur les meubles?

Il y a deux sortes de priviléges sur les meubles : les priviléges généraux, qui frappent sur tous les meubles et subsidiairement sur tous les immeubles, et les priviléges spéciaux, qui ne frappent que sur certains meubles.

I. PRIVILÉGES GÉNÉRAUX SUR LES MEUBLES. — *Combien y a-t-il de priviléges généraux sur les meubles?*

Il y a cinq priviléges généraux sur les meubles. Ils viennent dans l'ordre suivant : 1° les frais de justice ; 2° les frais funéraires ; 3° les frais de la dernière maladie ; 4° les salaires des gens de service ; 5° enfin, les fournitures de subsistance faites au débiteur et à sa famille.

Qu'entend-on par frais de justice?

On entend par frais de justice ceux qui sont faits dans l'intérêt commun des créanciers, parce qu'ils tendent à conserver ou à convertir en argent l'actif du débiteur.

Les frais que fait un créancier non privilégié pour faire constater ses droits en justice sont-ils privilégiés?

Non, les frais que fait un créancier pour faire constater judiciairement sa créance n'ont lieu que dans son intérêt personnel ; par suite, ils ne jouissent d'aucun privilége.

Qu'entend-on par frais funéraires ?

On entend par frais funéraires ceux d'enterrement, de cérémonie religieuse et même du deuil de la veuve.

Qu'entend-on par frais de la dernière maladie ?

On entend par frais de la dernière maladie les sommes dues au médecin, au pharmacien et au garde-malade, à raison de la maladie qui a précédé la mort du débiteur ou même la vente de ses biens.

Qu'entend-on par salaires des gens de service ?

On entend par salaires des gens de service ceux qui sont dus aux domestiques et aux autres personnes à gage qui sont logées et nourries chez le débiteur.

Pour quel temps existe le privilége des gens de service ?

Le privilége des gens de service existe pour l'année échue et pour ce qui est dû sur l'année courante.

Les ouvriers et les commis qui ont été employés directement par le failli sont-ils placés au nombre des gens de service ?

Non, les ouvriers et les commis ne sont pas compris parmi les gens de service ; mais la loi commerciale accorde aux ouvriers directement employés par le failli un privilége pour un mois de leurs gages, et aux commis un privilége pour six mois.

Pour quel temps existe le privilége des fournitures de subsistance ?

Le privilége des fournitures de subsistance existe pour les six derniers mois des fournitures faites par les marchands en détail, tels que boulangers, bouchers et autres ; et pour la dernière année des fournitures faites par les marchands en gros et par les maîtres de pension.

II. Privilèges spéciaux sur certains meubles. — *Combien y a-t-il de priviléges spéciaux sur certains meubles?*

Il y a sept priviléges spéciaux sur certains meubles : la loi ne fixe pas leur rang.

Quelles sont les créances jouissant de priviléges sur certains meubles?

Les créances jouissant de priviléges sur certains meubles sont : 1° celle du bailleur qui a privilége sur les fruits de la récolte et sur tout ce qui garnit la maison ou la ferme donnée à louage ; 2° celle du créancier gagiste, sur les choses qui lui ont été remises en gage ; 3° celle qui est née des frais de conservation, sur l'objet conservé ; 4° celle du prix de vente, sur les meubles vendus, mais pourvu qu'ils soient restés en la possession de l'acheteur ; 5° celle qui résulte des fournitures d'un aubergiste, sur les effets du voyageur qui ont été transportés dans son auberge ; 6° celle qui est due pour frais de voiture et dépenses accessoires, sur la chose voiturée ; 7° enfin, les créances résultant d'abus et prévarications commis par des fonctionnaires publics dans l'exercice de leurs fonctions, sur les fonds et les intérêts de leur cautionnement.

Pour quelle durée existe le privilége du bailleur de maison ou de ferme?

Le privilége du bailleur existe pour tous les termes échus et à échoir, si l'acte de bail a date certaine ; mais les autres créanciers du preneur ont le droit, en payant actuellement au bailleur tout ce qui lui est dû, de relouer à leur profit la maison ou la ferme pour le temps qui reste encore à courir. Si, au contraire, le bail n'a pas date certaine, le privilége du bailleur existe seulement pour les termes échus, pour l'année courante et pour une année à partir de l'année courante.

Le bailleur n'est-il pas primé par quelques créanciers?

Oui, le bailleur est primé sur le prix de la récolte

par ceux qui en ont fourni la semence ou qui ont fait les labours ou les frais de la récolte; il est aussi primé sur le prix des ustensiles par ceux qui les ont vendus ou réparés.

Si les meubles qui garnissent la maison ou la ferme sont déplacés par le preneur, le bailleur perd-il irrévocablement par là sa garantie?

Non; le bailleur a le droit de revendiquer les meubles déplacés pendant les quinze jours qui suivent leur déplacement, s'il s'agit de maison, et pendant quarante jours, s'il s'agit de ferme.

Le vendeur non payé du prix n'a-t-il qu'un privilége sur les meubles vendus?

Le vendeur non payé a, outre son privilége, le droit de résolution de la vente; s'il n'a pas accordé terme pour le payement, il peut même revendiquer les meubles vendus dans la huitaine de la livraison. Mais le privilége, le droit de résolution et le droit de revendication ne subsistent que si les meubles vendus restent encore en la possession de l'acheteur.

En cas de concours de plusieurs priviléges spéciaux sur le même meuble, quel est celui qui prime les autres?

Le privilége spécial qui prime les autres, en cas de concours, est généralement celui du possesseur ou nanti.

En cas de concours de priviléges généraux et de priviléges spéciaux, quels sont ceux qui ont la préférence?

Si l'on excepte les frais de justice, les priviléges spéciaux sur les meubles l'emportent, en cas de concours, sur les priviléges généraux.

§ 2. — Des priviléges sur les immeubles.

Combien y a-t-il de sortes de créanciers jouissant de priviléges spéciaux sur les immeubles?

Il y a trois sortes de créanciers jouissant de priviléges spéciaux sur les immeubles : 1° le vendeur, qui a un privilége sur l'immeuble vendu pour assurer le payement du prix ; 2° le cohéritier ou autre copartageant, qui a un privilége sur les immeubles de la succession pour les soultes ou retours de lots, pour le prix de licitation et pour la garantie des objets compris dans son lot ; 3° l'architecte, l'entrepreneur ou autres ouvriers, qui ont un privilége sur les bâtiments par eux édifiés, construits ou réparés. Mais ce dernier privilége se présente rarement en pratique, car il n'existe que s'il est fait, par experts nommés par le tribunal, deux procès-verbaux d'estimation de l'immeuble, l'un avant le commencement des travaux, et l'autre dans les six mois de leur réception ; le montant du privilége a lieu seulement pour la différence qui existe entre la première et la seconde estimation, et il se réduit à la plus-value existant lors de l'aliénation de l'immeuble.

Comment se règle le concours entre les priviléges généraux, c'est-à-dire frappant sur tous les meubles et subsidairement sur les immeubles, et les priviléges spéciaux sur les immeubles?

S'il y a insuffisance de meubles, les priviléges généraux sont, en cas de concours sur le prix des immeubles, préférés aux priviléges spéciaux sur les immeubles.

Les priviléges sur les immeubles doivent-ils être rendus publics ?

Oui, les priviléges sur les immeubles doivent être rendus publics par inscription prise au bureau de la situation des immeubles, car ils ne produisent d'effet que par leur inscription, et seulement à compter de la date de l'inscription.

N'y a-t-il pas des priviléges sur les immeubles qui sont dispensés d'inscription?

Oui ; les priviléges généraux sont dispensés d'inscription, par la raison qu'ils garantissent ordinairement le payement de faibles sommes et qu'ils ne viennent sur les immeubles qu'en cas d'insuffisance des meubles.

La transcription de l'acte de vente au bureau des hypothèques vaut-elle inscription pour le vendeur?

Oui, la transcription de l'acte de vente vaut inscription pour le vendeur ; car le conservateur des hypothèques est tenu de prendre d'office inscription pour le prix qui reste dû.

Le vendeur qui prend inscription, ou qui fait transcrire son acte, conserve-t-il toujours l'intégralité de ses droits?

Quand l'immeuble reste encore en la possession de l'acheteur, le vendeur qui prend inscription ou qui fait transcrire son acte à une époque quelconque, conserve par là tous ses droits, et notamment il prime tous les créanciers ayant hypothèque inscrite du chef de son acheteur. Mais quand l'immeuble vendu passe ensuite entre les mains d'un tiers qui fait transcrire son acte d'acquisition, si le vendeur a négligé de révéler son privilége dans les quarante-cinq jours de la vente, il est par là déchu de son privilége et de son droit de résolution.

Le cohéritier ou copartageant doit-il inscrire son privilége dans un certain délai?

Oui ; le cohéritier est tenu d'inscrire au bureau des hypothèques son privilége dans les soixante jours qui suivent le partage. S'il ne prend pas inscription dans ce délai, son privilége dégénère en hypothèque et, par suite, il se trouve primé par les créanciers qui ont une hypothèque du chef de l'acheteur et qui ont pris inscription avant la publication du privilége.

Le cohéritier peut-il toujours prendre utilement inscription de son privilége dans les soixante jours du partage?

Non ; lorsque l'immeuble est passé entre les mains d'un

13.

tiers acquéreur, si le cohéritier a négligé de prendre inscription dans les quarante-cinq jours du partage, son privilége non inscrit se trouve entièrement éteint.

L'architecte ou l'entrepreneur est-il tenu, pour conserver son privilége, de prendre inscription des deux procès-verbaux d'expertise?

L'architecte ou l'entrepreneur est tenu d'inscrire le premier procès-verbal d'expertise avant que de commencer les travaux, sous peine de voir son privilége dégénérer en simple hypothèque; mais il peut, quand bon lui semble, inscrire le second procès-verbal constatant la plus-value résultant des travaux.

Les créanciers du défunt et les légataires n'ont-ils pas une sorte de privilége?

Oui, les créanciers du défunt et les légataires ont une sorte de privilége sur les biens de la succession, quand, au lieu d'accepter l'héritier pur et simple pour débiteur, ils demandent que le patrimoine du défunt soit séparé du patrimoine de l'héritier; ils acquièrent, en effet, au moyen de la séparation des patrimoines, le droit d'être payés sur les biens du défunt par préférence aux créanciers personnels de l'héritier.

Quel délai les créanciers du défunt et les légataires ont-ils pour demander la séparation des patrimoines?

Les créanciers du défunt et les légataires ont trente ans pour demander la séparation des patrimoines. Mais leur négligence peut rendre leur droit illusoire. En effet, s'ils laissent expirer six mois sans prendre inscription, leur privilége dégénère en simple hypothèque; par conséquent, ils sont primés par les créanciers qui ont pris des inscriptions hypothécaires du chef de l'héritier. Bien plus, leur droit de préférence et de suite a cessé à l'égard des immeubles qui, avant l'inscription de cette sorte de privilége, ont passé entre les mains des tiers, lorsque ceux-ci ont fait transcrire leur acte d'acquisition.

Les subrogés et les cessionnaires ont-ils les mêmes droits de privilége que les subrogeants et les cédants?

Oui ; les subrogés et les cessionnaires sont au lieu et place des subrogeants et des cédants, et ils ont, par suite, les mêmes droits de privilége.

SECTION II. — DES HYPOTHÈQUES.

Qu'est-ce que l'hypothèque?

L'hypothèque est un droit réel et indivisible de sa nature, qui frappe sur les immeubles affectés à l'acquittement d'une obligation et qui les suit dans quelques mains qu'ils passent.

Que signifient les mots droit réel?

Les mots *droit réel* signifient que le créancier hypothécaire peut invoquer son droit sur les immeubles affectés à l'acquittement de l'obligation, aussi bien contre les créanciers de son débiteur que contre le débiteur lui-même.

Que signifient les mots droit invisible de sa nature?

Les mots *droit indivisible* signifient que l'hypothèque subsiste en entier et pour chaque fraction de la créance, sur tous les immeubles affectés à l'acquittement de l'obligation, sur chacun et sur chaque portion de ces immeubles. Les mots indivisible *de sa nature* signifient que les parties peuvent convenir que l'hypothèque ne sera pas indivisible, par exemple que quelques immeubles déterminés seront affranchis de l'hypothèque par le payement partiel de la dette.

Que signifient les mots et les suit dans quelques mains qu'ils passent ?

Les mots *et les suit dans quelques mains qu'ils passent* signifient que l'aliénation, par le débiteur, des immeubles hypothéqués ne nuit point au créancier hypothécaire, qui conserve néanmoins le droit de les faire vendre, à défaut de payement, entre les mains du tiers détenteur.

Quels biens sont susceptibles d'hypothèque?

Les seuls biens susceptibles d'hypothèque sont : 1° les biens immobiliers qui sont dans le commerce et leurs accessoires réputés immeubles; 2° l'usufruit des mêmes biens et accessoires pendant le temps de sa durée.

Peut-on hypothéquer les accessoires seulement d'un immeuble?

Non; la constitution d'hypothèque sur les accessoires seulement d'un immeuble serait nulle : il faut que l'hypothèque frappe directement sur l'immeuble par nature ou sur l'usufruit de cet immeuble, et elle s'étend ensuite tacitement aux accessoires réputés immeubles.

Les accessoires qui sont détachés de l'immeuble hypothéqué sont-ils affranchis par là de l'hypothèque?

Oui, les accessoires qui sont détachés de l'immeuble hypothéqué sont affranchis par là de l'hypothèque, car les meubles n'ont pas de suite par hypothèque.

L'hypothèque frappant sur la nue propriété d'un immeuble, reçoit-elle de l'extension lorsque l'usufruit s'éteint?

Oui; quand l'usufruit s'éteint, l'hypothèque qui frappait seulement sur la nue propriété s'étend alors sur la pleine propriété, tandis que celle qui frappait sur l'usufruit se trouve par là éteinte.

§ 1er. — Des diverses espèces d'hypothèque.

Combien y a-t-il de sortes d'hypothèque?

Il y a trois sortes d'hypothèque, qui sont l'hypothèque légale, l'hypothèque judiciaire et l'hypothèque conventionnelle.

1. — *Qu'est-ce que l'hypothèque légale?*

L'hypothèque légale est celle qui résulte de l'autorité seule de la loi.

A quelles personnes la loi donne-t-elle une hypothèque?

La loi donne une hypothèque qui est générale : 1° à la femme mariée sur les immeubles de son mari ; 2" au mineur et à l'interdit sur les immeubles du tuteur ; 3" enfin, à l'État, aux communes et aux établissements publics sur les immeubles des receveurs et autres administrateurs.

II. — *Qu'est-ce que l'hypothèque judiciaire?*

L'hypothèque judiciaire est une hypothèque générale qui résulte : 1° des jugements ou actes judiciaires en faveur de celui qui les a obtenus ; 2° des sentences arbitrales revêtues de l'ordonnance judiciaire d'exécution ; 3° enfin, des jugements prononcés à l'étranger, mais seulement lorsqu'ils ont été rendus exécutoires par un tribunal français.

Sur quels biens le créancier qui a une hypothèque générale, c'est-à-dire légale ou judiciaire, peut-il exercer son droit de préférence?

Le créancier qui a une hypothèque générale peut exercer son droit de préférence sur tous les immeubles appartenant à son débiteur et sur ceux qui peuvent lui arriver par la suite.

III. — *Qu'est-ce que l'hypothèque conventionnelle?*

L'hypothèque conventionnelle est une hypothèque spéciale qui résulte de la convention des parties et de la forme extérieure de l'acte.

Quelles personnes peuvent consentir des hypothèques sur leurs immeubles?

Toutes les personnes peuvent consentir des hypothèques sur leurs immeubles, lorsqu'elles ont la libre disposition de leurs biens.

Les immeubles des mineurs et ceux des absents peuvent-ils être grevés d'hypothèque conventionnelle?

Oui, les immeubles des mineurs et ceux des absents peuvent, en certains cas et après autorisation du tribunal, être grevés d'hypothèque conventionnelle.

En quoi consiste la forme extérieure de la convention d'hypothèque?

La forme extérieure de la convention d'hypothèque consiste dans la rédaction d'un acte passé en France devant deux notaires ou devant un notaire et deux témoins.

Pourquoi l'hypothèque conventionnelle est-elle appelée spéciale?

L'hypothèque conventionnelle est appelée spéciale, parce que l'acte notarié qui la constitue doit, à peine de nullité, indiquer spécialement la nature et la situation de chacun des immeubles actuellement appartenant au débiteur, et sur lesquels il consent hypothèque.

Le débiteur peut-il consentir une hypothèque sur tous les immeubles qui lui appartiennent?

Oui, le débiteur peut consentir une hypothèque sur tous ses immeubles présents; mais cette constitution n'est valable qu'à l'égard des immeubles dont il indique spécialement la nature et la situation.

Le débiteur peut-il consentir une hypothèque sur ses immeubles à venir?

Non, le débiteur ne peut pas consentir d'hypothèque sur ses immeubles à venir, par la raison qu'il lui est impossible d'en indiquer la nature et la situation. Toutefois, lorsque le débiteur hypothèque au moins un immeuble, s'il exprime qu'à raison de l'insuffisance de la garantie, il hypothèque aussi ses biens à venir, le créancier aura le droit de prendre inscription sur les immeubles advenus ensuite à son débiteur, en indiquant leur nature et leur situation.

Le créancier peut-il demander à son débiteur un supplément d'hypothèque, quand l'immeuble affecté à sa garantie a diminué de valeur?

Oui, le créancier, dont la garantie conventionnelle est devenue insuffisante, a droit à un supplément d'hypothèque ; s'il n'obtient pas l'exécution de ce droit, sa créance devient aussitôt exigible.

§ 2. — Du rang que les hypothèques ont entre elles.

Comment se détermine la préférence entre les créanciers hypothécaires ?

La préférence entre les créanciers hypothécaires se détermine par la date des inscriptions : le premier créancier inscrit est celui qui a le rang préférable. Les créanciers inscrits le même jour ont le même rang et viennent par concurrence, car la loi ne fait aucune distinction entre l'inscription du matin et celle du soir.

N'y a-t-il pas des personnes dont l'hypothèque prend rang indépendamment de toute inscription ?

Oui, il y a des personnes dont l'hypothèque a rang indépendamment de toute inscription. Ces personnes sont : 1° le mineur et l'interdit, dont l'hypothèque générale a rang, sur les immeubles du tuteur, du jour de l'ouverture de la tutelle ; 2° la femme mariée, dont l'hypothèque générale a rang, sur les immeubles de son mari, du jour du mariage à raison de la dot et des conventions matrimoniales, et, à raison des autres causes, du jour où naît le droit à la récompense ou à l'indemnité.

La loi n'impose-t-elle pas à certaines personnes l'obligation de prendre inscription de l'hypothèque légale ?

Oui, la loi impose l'obligation d'inscrire l'hypothèque légale : 1° au mari et au tuteur, sous peine d'être réputés stellionataires s'ils hypothèquent leurs immeubles sans déclarer qu'ils sont grevés d'hypothèque légale ; 2° au subrogé tuteur, sous peine de tous dommages-intérêts ; 3° enfin, au procureur impérial.

Toute personne peut-elle demander au conservateur des hypothèques qu'il soit pris inscription de l'hypothèque légale ?

Oui, toute personne peut, même le mineur et la femme mariée, requérir du conservateur des hypothèques l'inscription de l'hypothèque légale.

Lorsque le mariage ou la tutelle a cessé, l'hypothèque légale est-elle encore dispensée d'inscription?

Non, l'hypothèque légale doit être inscrite dans l'année de la dissolution du mariage ou de la fin de la tutelle; faute de quoi, au lieu de conserver son rang du jour du mariage ou de l'ouverture de la tutelle, elle ne produirait d'effet qu'à partir du jour de la nouvelle inscription.

L'hypothèque générale de la femme et celle du mineur peuvent-elles être restreintes à quelques immeubles du mari ou du tuteur?

Oui, les parties majeures peuvent, par contrat de mariage, restreindre l'hypothèque de la femme à quelques immeubles du mari; et le conseil de famille peut aussi, dans l'acte de nomination du tuteur, restreindre à quelques immeubles du tuteur l'hypothèque du mineur ou de l'interdit.

L'hypothèque légale peut-elle être restreinte pendant le mariage ou pendant la tutelle?

Oui, l'hypothèque légale peut être restreinte par jugement; mais il faut, pendant le mariage, le consentement de la femme et l'avis de ses quatre plus proches parents, et, pendant la tutelle, l'avis du conseil de famille.

§ 3. — Du mode de l'inscription des priviléges et hypothèques.

Dans quel lieu le créancier privilégié ou hypothécaire, qui veut donner la vie et le rang à son droit de préférence, doit-il prendre inscription?

Le créancier privilégié ou hypothécaire doit prendre inscription au bureau de la conservation des hypothèques dans l'arrondissement duquel sont situés les immeubles soumis au privilége ou à l'hypothèque.

Le créancier hypothécaire peut-il toujours prendre utilement inscription?

Non; le créancier hypothécaire ne peut plus prendre valablement inscription si le débiteur est tombé en faillite, si sa succession a été acceptée sous bénéfice d'inventaire, si l'immeuble hypothéqué a été saisi ou est passé entre les mains d'un tiers qui a fait transcrire son acte d'acquisition.

Le créancier qui requiert inscription ne doit-il pas produire certains actes au conservateur des hypothèques?

Oui; le créancier qui requiert inscription doit présenter au conservateur des hypothèques : 1° l'original en brevet ou une expédition authentique du jugement ou de l'acte qui donne naissance au privilége ou à l'hypothèque; 2° deux bordereaux écrits sur papier timbré, dont l'un peut être porté sur l'expédition du titre.

Qu'est-ce que doivent contenir les deux bordereaux d'inscription?

Les deux bordereaux d'inscription doivent pareillement contenir : 1° les nom, prénoms, profession du créancier et son élection de domicile dans un lieu dépendant de l'arrondissement du bureau des hypothèques; 2° les nom, prénoms, profession et domicile du débiteur; 3° la date et la nature du titre qui confère le privilége ou l'hypothèque; 4° le montant du capital et des accessoires des créances, et l'époque de l'exigibilité; 5° enfin, l'indication de l'espèce et de la nature des immeubles soumis à l'hypothèque. Mais cette dernière mention n'est pas nécessaire pour les hypothèques légales ou judiciaires, qui sont générales.

Le créancier qui prend inscription après le décès de son débiteur doit-il indiquer les noms des héritiers?

Non, le créancier n'est pas tenu d'indiquer les héritiers ; il peut prendre inscription sous le nom du débiteur décédé.

Le créancier qui a révélé dans l'inscription que sa créance est productive d'intérêts, vient-il pour les intérêts au même rang que pour le capital ?

Oui, le créancier qui a révélé dans l'inscription que sa créance est productive d'intérêts, vient pour les intérêts de deux années et de l'année courante au même rang que pour le capital. S'il a pris des inscriptions particulières pour les intérêts des autres années, son rang de préférence, pour ces intérêts, a la date des inscriptions particulières.

Le conservateur des hypothèques garde-t-il le titre constitutif d'hypothèque et les deux bordereaux que le créancier lui a présentés ?

Non, le conservateur des hypothèques ne garde que l'un des bordereaux ; il remet au créancier, avec le titre constitutif d'hypothèque, l'autre bordereau sur lequel il certifie qu'il a pris inscription.

Le créancier qui a pris inscription peut-il changer sur le registre des hypothèques le domicile par lui élu ?

Oui, il est loisible au créancier, ainsi qu'à ses représentants et à ses cessionnaires par acte authentique, de changer le domicile élu, à la charge d'en indiquer un autre dans le même arrondissement.

Pendant quel temps l'inscription hypothécaire produit-elle son effet ?

L'inscription hypothécaire produit son effet pendant le délai de dix ans.

Quelle est la position du créancier dont l'inscription est prise depuis dix ans ?

Si le créancier a renouvelé son inscription dans les dix ans, il a conservé par là son ancien rang de préférence. Mais si, au contraire, il n'a pas renouvelé son inscription dans les dix ans, il a perdu son rang ; toutefois, comme le droit d'hypothèque dure trente ans, le créancier peut prendre une inscription nouvelle dont la date fixera son rang nouveau de préférence.

N'y a-t-il pas des cas où le créancier qui n'a pas renouvelé son inscription dans les dix ans perd son droit d'hypothèque?

Oui ; le créancier qui n'a pas renouvelé en temps utile son inscription perd son droit d'hypothèque : 1° si le débiteur est tombé en faillite ou si sa succession a été acceptée sous bénéfice d'inventaire ; 2° si l'immeuble hypothéqué a été saisi par d'autres créanciers ou s'il est passé entre les mains d'un tiers qui a fait transcrire son acte d'acquisition. Dans ces cas, en effet, l'inscription conservée peut être renouvelée ; mais quand l'inscription est éteinte, il n'est pas possible d'en prendre une nouvelle, et, par suite, le droit d'hypothèque se trouve éteint.

§ 4. — De la radiation et réduction des inscriptions.

Dans quels cas le conservateur des hypothèques est-il tenu de rayer une inscription?

Le conservateur des hypothèques est tenu de rayer une inscription quand on lui présente l'acte authentique du consentement du créancier, ou bien l'expédition du jugement rendu en dernier ressort ou passé en force de chose jugée qui prononce la radiation de l'inscription.

Quelle capacité doit avoir le créancier qui veut consentir la radiation de son inscription?

Pour consentir la radiation de son inscription, le créancier doit avoir la capacité d'aliéner la créance garantie par l'hypothèque.

Dans quels cas le tribunal prononce-t-il la radiation de l'inscription?

Le tribunal prononce la radiation de l'inscription

lorsqu'il juge que la dette est éteinte ou que l'inscription n'est pas fondée sur un titre valable.

Le débiteur qui a payé sa dette fait-il toujours radier l'inscription frappant sur ses immeubles?

Non, le débiteur qui a payé sa dette ne fait ordinairement pas radier l'inscription hypothécaire; il attend que cette inscription s'éteigne par l'expiration de dix ans, alors surtout qu'il n'a pas besoin de faire apparaître tout son crédit.

Quelles sont les hypothèques réductibles?

Les hypothèques réductibles sont celles qui sont légales ou judiciaires.

Dans quels cas les hypothèques légales ou judiciaires peuvent-elles être réduites?

Les hypothèques légales ou judiciaires peuvent, indépendamment de ce qui concerne la réduction des hypothèques des femmes et des mineurs, expliquée ci-dessus (page 232), être réduites quand elles sont excessives, c'est-à-dire lorsquelles frappent sur plusieurs domaines et que la valeur d'un seul ou de quelques-uns d'entre eux excède de plus d'un tiers le montant de la créance et de ses accessoires.

§ 5. — De l'effet des priviléges et hypothèques contre les tiers détenteurs et du délaissement.

Le créancier privilégié ou hypothécaire perd-il son droit de préférence sur l'immeuble qui est aliéné par le débiteur?

Non, le créancier qui a pris inscription ne perd point son droit de préférence sur l'immeuble aliéné par le débiteur; il peut exercer son droit de suite contre le tiers détenteur de l'immeuble affecté à son payement.

Comment le créancier inscrit exerce-t-il son droit de suite?

Le créancier inscrit exerce son droit de suite en faisant commandement au débiteur de payer sa dette, et sommation au tiers détenteur de délaisser l'immeuble. Trente jours après le commandement et la sommation, il peut saisir et faire vendre l'immeuble.

Quels sont les divers partis que peut prendre le tiers détenteur de l'immeuble hypothéqué?

Le tiers détenteur de l'immeuble hypothéqué peut, dans les trente jours de la sommation qui lui est faite de délaisser, prendre l'un des quatre partis suivants : 1° payer le montant de son prix aux premiers créanciers hypothécaires, ou payer tout ce qui est dû aux divers créanciers hypothécaires; il obtient la subrogation aux droits de privilége et d'hypothèque des créanciers qu'il paye; 2° se laisser exproprier; 3° remplir les formalités et conditions de la purge, dont les règles sont exposées ci-après, § 7 ; 4° enfin, faire le délaissement de l'immeuble hypothéqué.

Tout détenteur d'immeuble hypothéqué peut-il faire le délaissement?

Non ; pour pouvoir faire le délaissement, il faut que le détenteur ne soit pas tenu personnellement de la dette, et qu'il soit capable d'aliéner l'immeuble.

Où le tiers détenteur fait-il le délaissement de l'immeuble hypothéqué?

Le tiers détenteur fait le délaissement par une déclaration au greffe du tribunal civil du lieu où l'immeuble est situé.

Contre qui se poursuit la vente de l'immeuble délaissé?

La vente se poursuit contre un curateur nommé par le tribunal à l'immeuble délaissé.

Le détenteur qui est exproprié a-t-il un recours contre son vendeur?

Oui, le détenteur exproprié a contre son vendeur un recours en dommages-intérêts.

§ 6. — De l'extinction des priviléges et hypothèques.

Comment s'éteignent les priviléges et hypothèques?

Les priviléges et hypothèques ne pouvant survivre à l'obligation dont ils sont les accessoires, ils s'éteignent par tous les modes d'extinction de l'obligation elle-même. Ils peuvent s'éteindre encore de trois manières, l'obligation continuant à subsister : 1° par la renonciation du créancier à son hypothèque ; 2° par la prescription de l'hypothèque ; 3° enfin, par l'accomplissement des formalités de la purge.

Par quel délai se prescrit l'hypothèque?

L'hypothèque se prescrit par le délai de trente ans si l'immeuble hypothéqué reste entre les mains du débiteur, ou s'il est passé au pouvoir d'un tiers auquel il manque un juste titre ou la bonne foi ; tandis que si l'immeuble est possédé par un tiers qui a juste titre et bonne foi, le délai de la prescription, qui court à son profit du jour de la transcription de son titre, est de dix ou de vingt ans, selon que le créancier hypothécaire est ou non domicilié dans le ressort de la Cour impériale du lieu où l'immeuble est situé.

Le créancier hypothécaire peut-il interrompre, contre le tiers possesseur qui a juste titre et bonne foi, la prescription de son hypothèque?

Oui ; le créancier interrompt la prescription de son hypothèque s'il assigne le tiers possesseur en reconnaissance d'hypothèque. Mais il n'interromprait pas la prescription en renouvelant son inscription.

Le créancier ne perd-il pas quelquefois son droit d'hypothèque, lorsqu'il omet de renouveler son inscription?

Oui, le créancier qui omet de renouveler son inscription dans les dix ans à partir du jour où elle a été prise, perd son droit d'hypothèque si le débiteur est tombé en faillite ou si les immeubles hypothéqués sont saisis ou aliénés ; car, dans ces cas, un créancier peut conserver son rang de préférence, mais il ne peut acquérir un nouveau rang.

§ 7. — Du mode de purger les propriétés des priviléges et hypothèques, et de la transcription.

Qu'est-ce que la purge?

La purge est le moyen que la loi donne au tiers possesseur de rendre son immeuble libre de priviléges et d'hypothèques, afin qu'il puisse ensuite améliorer cet immeuble, ou y faire des constructions en toute sécurité.

Combien y a-t-il de sortes de purge?

Il y a deux sortes de purge : la purge ordinaire, c'est-à-dire celle des hypothèques inscrites, et la purge des hypothèques non inscrites qui ont rang sur les immeubles du tuteur et du mari indépendamment de toute inscription.

N'existe-t-il pas une formalité commune aux deux sortes de purge?

Oui ; la transcription, que le tiers acquéreur doit faire, au bureau des hypothèques, de son acte d'acquisition, est une formalité commune aux deux sortes de purge.

Quels sont les actes soumis à la transcription?

Les actes soumis à la transcription sont : 1° les actes entre-vifs à titre gratuit ou onéreux, qui sont translatifs de droits réels immobiliers autres que les priviléges et hypothèques ; 2° les jugements en dernier ressort, ou passés en force de chose jugée, tenant lieu de conventions ou de titres pour la transmission des mêmes droits ; 3° les actes de renonciation à de pareils droits ; 4° enfin, les baux excédant dix-huit années ou contenant quittance par anticipation d'au moins trois années de loyer.

Celui qui acquiert un droit immobilier doit-il se hâter de faire transcrire son acte?

Oui, celui qui acquiert un droit immobilier doit se hâter de faire transcrire son acte; ce n'est, en effet, que par la transcription, et seulement à compter de la date de la transcription, qu'il devient propriétaire du droit immobilier à l'égard des tiers, qu'il fait déchoir les créanciers non inscrits de leurs droits de priviléges et d'hypothèques et fait courir à son profit la prescription des priviléges et hypothèques inscrits.

1. — *Quelles formalités doit remplir le tiers acquéreur de l'immeuble dont il veut faire la purge ordinaire?*

Le tiers acquéreur qui a fait transcrire son acte et qui veut faire la purge ordinaire doit, avant toutes poursuites ou dans les trente jours de la sommation qui lui est faite par un créancier hypothécaire de délaisser l'immeuble, notifier aux domiciles élus par les créanciers inscrits : 1° L'extrait de son acte d'acquisition, contenant les nom et profession de son vendeur ou donateur, la nature et la situation de l'immeuble, le prix et les charges de la vente, ou quand la chose est cédée à un autre titre qu'à celui de vente, son évaluation, et, s'il y a plusieurs immeubles vendus pour un même prix et grevés d'hypothèques différentes, le prix estimatif de chacun d'eux ; — 2° L'extrait de l'acte de transcription ; — 3° Un tableau sur trois colonnes, dont la première contient la date des hypothèques et celle des inscriptions ; la seconde, le nom des créanciers ; la troisième, le montant des créances inscrites ; — 4° La déclaration par l'acquéreur qu'il est prêt à acquitter les dettes et charges hypothécaires, exigibles ou non exigibles, jusqu'à concurrence de son prix.

Les créanciers hypothécaires sont-ils tenus d'accepter du tiers acquéreur le prix de la vente?

Non, les créanciers hypothécaires ne sont pas tenus d'accepter du tiers acquéreur le prix de la vente car autrement le débiteur pourrait nuire à leurs droits en vendant à vil prix l'immeuble hypothéqué ; ils ont, par suite, le droit de requérir que l'immeuble soit vendu aux enchères publiques.

Que doit faire le créancier hypothécaire qui veut que l'immeuble hypothéqué soit vendu aux enchères publiques?

Le créancier hypothécaire qui requiert la vente de l'immeuble aux enchères doit : 1° signifier sa réquisition de mise aux enchères à son débiteur et au tiers acquéreur, et cela dans les quarante jours de la notification que celui-ci lui a faite de son acte d'acquisition, en ajoutant à ce délai deux jours par cinq myriamètres de distance entre le domicile qu'il a élu dans son inscription et son domicile réel ; 2° déclarer, dans cette signification, qu'il porte le prix de l'immeuble à un dixième en sus, et qu'il offre de donner caution du prix et des charges de la vente.

Par qui doivent être signés l'original et les copies de la réquisition de mise aux enchères?

L'original et les copies de la réquisition de mise aux enchères doivent être signés par l'huissier et par le créancier requérant.

Le créancier hypothécaire qui a surenchéri est-il libre de se désister de sa surenchère?

Non ; le créancier ne peut se désister de sa surenchère que du consentement de tous les autres créanciers hypothécaires.

L'immeuble est-il purgé quand, dans les quarante jours des notifications, il ne survient aucune réquisition de mise aux enchères?

Oui ; quand il ne survient aucune réquisition de mise aux enchères dans le délai de quarante jours, augmenté à raison des distances , l'immeuble est purgé des priviléges et hypothèques, sous la condition que le tiers acquéreur payera le montant de son prix aux créanciers en ordre de recevoir ou qu'il le déposera à la Caisse des dépôts et consignations.

II. — Quelles formalités doit remplir le tiers acqué-reur qui veut purger son immeuble des hypothèques lé-gales non inscrites de la femme mariée et du mineur?

Le tiers acquéreur qui veut purger son immeuble des hypothèques légales non inscrites, doit : 1° déposer une copie collationnée de son acte acquisitif de pro-priété au greffe du tribunal civil de la situation de l'immeuble ; 2° certifier par acte signifié à la femme, ou au subrogé tuteur, et au procureur impérial, qu'il a fait au greffe le dépôt de la copie collationnée de son acte; 3° enfin, faire afficher et laisser pendant deux mois dans l'auditoire du tribunal civil l'extrait de son acte d'acquisition.

Quand deux mois sont écoulés depuis l'affiche de l'ex-trait de l'acte d'acquisition au greffe du tribunal, l'im-meuble est-il purgé des hypothèques légales non inscrites?

Oui ; quand deux mois sont écoulés depuis l'affiche de l'extrait , l'immeuble est purgé des hypothèques légales si aucune inscription ne s'est révélée. Mais si , au contraire, une inscription s'est révélée, l'immeuble n'est purgé de l'hypothèque légale que lorsque le prix revenant à la femme mariée ou au mineur est déposé à la Caisse des dépôts et consignations.

§ 7. — De la publicité des registres du conservateur des hypothèques.

Combien le conservateur des hypothèques tient-il de registres?

Le conservateur des hypothèques tient trois registres: le registre-journal, le registre des inscriptions et le registre des transcriptions.

Qu'est-ce que le registre-journal?

Le registre-journal est celui sur lequel le conservateur des hypothèques inscrit, jour par jour, les remises qui lui sont faites des bordereaux d'inscription et des actes translatifs de propriété immobilière.

Qu'est-ce que le registre des inscriptions?

Le registre des inscriptions est celui sur lequel le conservateur des hypothèques fait les inscriptions requises par les créanciers privilégiés et hypothécaires.

Qu'est-ce que le registre des transcriptions?

Le registre des transcriptions est celui sur lequel le conservateur des hypothèques copie littéralement les contrats et les jugements constatant la translation de propriété d'un immeuble, l'existence de droits de servitude, d'usufruit, d'usage, d'habitation et de bail excédant dix-huit ans, ou la renonciation à l'un de ces droits, et enfin le payement par anticipation du prix de bail pour plus de trois ans.

Chacun a-t-il le droit de demander des renseignements au conservateur des hypothèques?

Oui, chacun a le droit, moyennant le payement d'une faible somme, de demander au conservateur des hypothèques, qui est responsable de ses fautes et omissions, des renseignements concernant la propriété d'un immeuble et les inscriptions qui l'affectent.

TITRE XIX. — De l'expropriation forcée et des ordres entre les créanciers.

I. Expropriation forcée. — *Qu'est-ce que l'expropriation forcée?*

L'expropriation forcée est la vente qu'un créancier fait en justice des biens de son débiteur.

Quels sont les biens susceptibles d'expropriation forcée?

Les biens susceptibles d'expropriation forcée sont les immeubles par nature avec leurs accessoires, et l'usufruit des mêmes immeubles et accessoires.

Le créancier peut-il exproprier la part indivise que son débiteur a dans un immeuble?

Non ; l'expropriation d'une part indivise pouvant être préjudiciable au débiteur, le créancier a seulement le droit de provoquer le partage de l'immeuble indivis.

Le créancier peut-il, à son gré, choisir les biens du débiteur, afin de les vendre?

Oui, le créancier a le choix des biens du débiteur sur lesquels il veut se faire payer. Toutefois, ses poursuites doivent commencer sur les meubles du mineur, sur les immeubles que le débiteur a hypothéqués à la dette, et ce n'est qu'en cas d'insuffisance qu'il peut faire vendre les autres biens de son débiteur.

Quel titre est nécessaire au créancier pour poursuivre l'expropriation forcée des immeubles de son débiteur?

Le créancier qui veut poursuivre l'expropriation forcée des immeubles de son débiteur doit avoir un titre authentique et en forme exécutoire.

Tout acte de poursuite en expropriation forcée n'est-il pas précédé d'un commandement?

Oui, tout acte de poursuite en expropriation forcée est précédé d'un commandement de payer signifié par huissier au débiteur.

II. Ordre entre les créanciers. — *Combien distingue-t-on de sortes de créanciers?*

On distingue trois sortes de créanciers : les créanciers privilégiés, les créanciers hypothécaires et les créanciers qui n'ont ni privilége ni hypothèque, appelés créanciers simples, ordinaires, cédulaires ou chirographaires.

Dans quel ordre viennent les divers créanciers sur le prix des biens de leur débiteur commun?

Les créanciers privilégiés et les créanciers hypothécaires viennent par préférence sur le prix des biens affectés à leur payement ; en cas d'insuffisance, ils concourent avec les créanciers ordinaires sur le prix des autres biens du débiteur.

TITRE XX. — De la prescription.

Qu'est-ce que la prescription ?

La prescription est une manière d'acquérir la propriété ou de se libérer d'une obligation par un certain laps de temps et sous les conditions déterminées par la loi.

Combien y a-t-il de sortes de prescription ?

Il y a deux sortes de prescription : la prescription à fin d'acquérir, et la prescription à fin de se libérer.

La prescription est-elle une institution bien utile ?

Oui ; la prescription, qui confirme la présomption de propriété ou de libération, est une institution d'ordre public et de la plus haute utilité : elle protége efficacement la paix des familles et des particuliers.

Peut-on renoncer d'avance à la prescription ?

Non ; la renonciation faite d'avance à la prescription est nulle comme contraire à l'ordre public. Mais rien n'empêche de renoncer à la prescription acquise ou au bénéfice du temps écoulé pour arriver à la prescription.

Quelle capacité doit avoir celui qui renonce à la prescription acquise ?

Celui qui renonce à la prescription acquise doit avoir la capacité d'aliéner librement le droit prescrit.

Le juge peut-il suppléer d'office le moyen tiré de la prescription ?

Non, le juge ne peut jamais suppléer d'office le moyen tiré de la prescription, parce qu'il prononcerait quelquefois une sentence contraire à la conscience de celui qui n'ose invoquer ce moyen.

La prescription peut-elle être invoquée pour la première fois en appel ?

Oui, la prescription peut être invoquée en tout état de cause, aussi bien en appel qu'en première instance.

14.

Toutes les choses sont-elles prescriptibles?

Oui, toutes les choses sont prescriptibles. Cependant on ne peut jamais prescrire les choses hors du commerce, comme les rues, les routes, les places de guerre.

§ 1er. — De la possession.

Combien y a-t-il de sortes de possession?

Il y a deux sortes de possession : la possession proprement dite, qui s'applique aux choses corporelles, et la possession improprement dite ou quasi-possession, qui s'applique aux démembrements de la propriété.

Qu'est-ce que la possession proprement dite?

La possession proprement dite est la détention d'une chose que nous tenons par nous-mêmes ou par un autre qui la tient en notre nom.

Qu'est-ce que la possession improprement dite, ou quasi-possession?

La quasi-possession est la jouissance d'un droit, par exemple, d'usufruit, que nous exerçons par nous-mêmes ou par un autre qui l'exerce en notre nom.

Quelles qualités doivent avoir la possession et la quasi-possession pour produire la prescription?

Pour produire la prescription dans le délai fixé par la loi, toute possession doit être continue et non interrompue, paisible, publique, non équivoque et à titre de propriétaire.

Comment appelle-t-on la possession qui n'est pas à titre de propriétaire?

La possession qui n'est pas à titre de propriétaire est appelée possession précaire; or, telle est la possession du locataire, du fermier et du dépositaire.

En quelle qualité le détenteur d'une chose est-il présumé la posséder?

Le détenteur d'une chose est, jusqu'à preuve contraire, présumé la posséder à titre de propriétaire.

**§ 2. — Des causes qui empêchent, qui interrompent
ou qui suspendent la prescription.**

I. CAUSES QUI EMPÊCHENT LA PRESCRIPTION. — *Quelles
sont les causes qui empêchent la prescription?*

Les causes qui empêchent la prescription sont les
vices de la possession et surtout le titre précaire.

*L'héritier de celui qui possède à titre précaire peut-il
prescrire?*

Non; l'héritier du possesseur à titre précaire ne peut
jamais prescrire, car il succède au vice de la possession
de son auteur.

*Quand le possesseur vend la chose qu'il tient à titre
précaire, l'acheteur peut-il l'acquérir par prescription?*

Oui; l'acheteur n'étant point le continuateur de la
personne de son vendeur, il peut prescrire la chose qu'il
a reçue de celui qui la possédait à titre précaire.

II. CAUSES QUI INTERROMPENT LA PRESCRIPTION. —
Qu'entend-on par causes interruptives de prescription?

On entend par causes interruptives de prescription
celles qui anéantissent le bénéfice du temps déjà écoulé.

*Combien y a-t-il de sortes d'interruption de la pres-
cription?*

Il y a deux sortes d'interruption : l'interruption naturelle et l'interruption civile.

Quand a lieu l'interruption naturelle?

L'interruption naturelle, applicable seulement à la
prescription à fin d'acquérir, a lieu quand le possesseur
est privé, pendant plus d'un an, de la jouissance d'un
immeuble par le fait d'un tiers : par l'expiration de ce
délai, il a perdu l'avantage de l'action possessoire.

Dans quels cas a lieu l'interruption civile?

L'interruption civile, applicable aussi bien à la prescription à fin de se libérer qu'à la prescription à fin
d'acquérir, a lieu : 1° par une citation en conciliation

devant le juge de paix, pourvu qu'elle soit suivie d'une demande en justice dans le mois de la non-conciliation ; 2° par une citation en justice, même devant un juge incompétent ; 3° par un commandement signifié au débiteur ; 4° enfin, par la reconnaissance expresse ou tacite faite, par celui qui prescrit, du droit de son adversaire.

III. Causes qui suspendent la prescription. — *Qu'entend-on par causes suspensives de la prescription?*

On entend par causes suspensives de la prescription celles qui en arrêtent pendant quelque temps la marche, sans anéantir le bénéfice du temps écoulé.

La prescription court-elle contre toutes personnes?

Oui, en général, la prescription court contre toutes personnes.

La règle que la prescription court contre toutes personnes souffre-t-elle des exceptions?

Oui ; la prescription ne court ni entre époux pendant le mariage, ni contre l'héritier bénéficiaire, à raison des créances qu'il a contre la succession. En outre, les prescriptions de dix ou vingt ans et de trente ans ne courent pas contre les mineurs et les interdits.

La prescription court-elle au profit des tiers contre la femme mariée?

Oui, la prescription court au profit des tiers contre la femme mariée, excepté dans les quatre cas suivants : 1° s'il s'agit d'un fonds constitué en dot sous le régime dotal ; 2° si l'action de la femme contre un tiers doit réfléchir contre le mari qui aurait, par exemple, vendu, comme lui appartenant en propre, un immeuble de sa femme ; 3° s'il s'agit d'un droit qu'il est impossible à la femme d'exercer pendant le mariage ; 4° enfin, si la femme non autorisée du mari ou de justice a fait un acte dépassant la limite de ses pouvoirs.

La modalité de la dette suspend-elle la prescription?

Oui, la modalité de la dette suspend la prescription, quand elle fait présumer la non-existence de payement.

Ainsi le terme et la condition suspensive arrêtent le cours de la prescription jusqu'à l'échéance du terme et l'événement de la condition. De même, le délai de l'action en garantie est suspendu jusqu'au jour de l'éviction.

Les délais pour faire inventaire et délibérer et la vacance de la succession suspendent-ils la prescription?

Non, les délais pour faire inventaire et délibérer et la vacance de la succession ne suspendent point la prescription ; toutefois, si l'héritier qui accepte ensuite la succession est mineur ou interdit, les longues prescriptions sont considérées comme ayant été suspendues pendant les délais pour faire inventaire et délibérer et pendant la vacance de la succession.

§ 3. — Du temps requis pour prescrire.

Le temps de la prescription se compte-t-il par heures?

Non, le temps de la prescription ne se compte point par heures, mais par jours.

Quel jour commence et quel jour s'accomplit la prescription?

La prescription à fin de se libérer court du lendemain de l'engagement, et la prescription à fin d'acquérir court du lendemain de l'entrée en possession. Elle est acquise quand le dernier jour du terme est accompli.

Combien y a-t-il, sous le rapport de la durée, d'espèces principales de prescription?

Il y a trois espèces principales de prescription : 1° la prescription de trente ans ; 2° la prescription de dix ou vingt ans ; 3° enfin, la prescription qui s'accomplit par divers délais de faible durée.

I. PRESCRIPTION DE TRENTE ANS. — *Toutes les actions se prescrivent-elles par trente ans?*

Oui, toutes les actions, tant réelles que personnelles, dont la durée n'est pas limitée à un plus court délai, se prescrivent par trente ans.

Peut-on prouver que le débiteur ou possesseur qui invoque la prescription trentenaire est de mauvaise foi?

Non, l'on n'est point admis à prouver que le débiteur ou le possesseur qui invoque la prescription de trente ans est de mauvaise foi, car cette longue prescription vient elle-même couvrir le vice résultant de la mauvaise foi : mais on peut prouver, après trente ans, que le possesseur avait un titre précaire, et par conséquent empêchant la prescription de courir à son profit.

Le créancier d'une rente a-t-il le droit d'exiger du débiteur un nouveau titre?

Oui ; quand le titre constatant l'existence de la rente a plus de vingt-huit ans, le créancier peut exiger un nouveau titre, aux frais de son débiteur. Le propriétaire du fonds dominant a le même droit lorsqu'il s'agit d'une servitude discontinue ou non apparente; mais c'est lui-même qui supporte les frais du nouveau titre.

II. PRESCRIPTION DE DIX ET VINGT ANS. — *Qu'est-ce que la prescription de dix et vingt ans?*

La prescription de dix et vingt ans, seulement applicable à l'acquisition d'immeubles, est celle qui s'accomplit au profit du possesseur qui a juste titre et bonne foi.

Quand le possesseur a-t-il juste titre?

Le possesseur a juste titre quand il tient la chose en vertu d'une cause qui, de sa nature, est translative de propriété, comme la donation, la vente et l'échange.

Quand le possesseur a-t-il bonne foi?

Le possesseur a bonne foi quand il croyait, lors de la création de son titre, que celui duquel il tient la chose en était le véritable propriétaire.

Dans quels cas le possesseur qui a juste titre et bonne foi prescrit-il par dix ans, ou par vingt ans?

Le possesseur qui a juste titre et bonne foi prescrit par dix ans, quand le propriétaire de l'immeuble est domicilié dans le ressort de la Cour impériale du lieu où cet immeuble est situé ; tandis qu'il ne prescrit que par vingt ans, si le propriétaire de l'immeuble est domicilié dans un autre ressort.

III. PRESCRIPTION DE DIVERS DÉLAIS DE FAIBLE DURÉE. — *Quels sont les divers délais de la prescription s'accomplissant par un temps de faible durée?*

Les délais de la prescription s'accomplissant par un temps de faible durée sont de cinq ans, de deux ans, d'un an et de six mois.

Quelles sont les choses prescriptibles par cinq ans?

Se prescrivent par cinq ans : les arrérages des rentes perpétuelles ou viagères et ceux des pensions, le prix des baux à loyer ou à ferme, les intérêts des sommes prêtées, et tout ce qui est payable par année ou à des termes périodiques plus courts.

Quelles sont les choses prescriptibles par deux ans?

Se prescrivent par deux ans : l'action de l'avoué en payement de ses frais et honoraires, et l'action en restitution des pièces qu'une personne a confiées à son huissier ; mais l'action en restitution des pièces confiées à un juge ou à un avoué dure cinq ans.

Quelles sont les choses prescriptibles par un an?

Se prescrivent par un an : les actions des médecins et pharmaciens pour leurs visites et médicaments, des huissiers pour leurs actes, des marchands pour les choses vendues aux particuliers, des maîtres pour le prix de pension ou d'apprentissage, des domestiques pour leurs salaires.

Quelles sont les choses prescriptibles par six mois?

Se prescrivent par six mois : les actions des maîtres et instituteurs pour les leçons qu'ils donnent au mois, des hôteliers et traiteurs pour le logement et la nourriture qu'ils ont fournis, des ouvriers et gens de travail pour leurs journées, fournitures et salaires.

La prescription de chaque service ou fourniture est-elle interrompue par la continuation des services?

Non, la continuation des services ou fournitures n'interrompt pas la prescription. Cette interruption n'a lieu que par arrêté de compte signé du débiteur, par billet du débiteur qui reconnaît la dette, ou par demande en justice : dans ces cas, l'obligation est novée et elle n'est plus prescriptible que par trente ans.

Peut-on déférer à son débiteur, qui invoque une courte prescription, le serment sur le fait du payement?

Oui, le créancier peut déférer le serment sur le fait du payement à son débiteur qui invoque une courte prescription.

N'y a-t-il pas une prescription instantanée?

Oui, il y a une prescription instantanée à l'égard des meubles, d'après la maxime : *En fait de meubles, la possession vaut titre.* Cette maxime signifie que celui qui a juste titre et bonne foi devient propriétaire du meuble dès qu'il lui est livré par une personne qui n'en était pas propriétaire.

Le propriétaire de la chose perdue ou volée ne peut-il pas la revendiquer contre l'acheteur de bonne foi?

Oui, le propriétaire de la chose perdue ou volée peut la revendiquer pendant trois ans, même contre le possesseur ayant juste titre et bonne foi. Mais si celui-ci a acheté le meuble en foire, dans une vente publique ou marché, ou bien chez un marchand vendant des choses pareilles, il a le droit, de la part du propriétaire qui le revendique, au montant du prix qu'il a payé.

FIN.

TABLE DES MATIERES.

DES BIENS ET DES DIFFÉRENTES MODIFICATIONS DE LA PROPRIÉTÉ.

DES DIFFÉRENTES MANIÈRES DONT ON ACQUIERT LA PROPRIÉTÉ.

Paris. — Imprimé par E. Thunot et Cᵉ, rue Racine, 26.

EXTRAITS DE QUELQUES-UNES DES APPRÉCIATIONS *du* **MANUEL PRATIQUE DU CODE NAPOLÉON** *par les journaux et par les revues.*

MONITEUR UNIVERSEL, journal officiel de l'Empire français.

1ᵉʳ *Article.* — « Comment répandre la connaissance des lois nationales, indispensables à tous les citoyens? Par des ouvrages dépouillés de tout appareil scientifique et destinés aux gens du monde. C'est ce qu'a fait M. Picot pour le *Code Napoléon.* Ce volume à la main, il devient facile de s'initier, sans études, aux principes généraux du droit. C'est la substance de la loi, telle qu'il faut l'extraire pour se faire comprendre par ceux qui ne savent pas encore. »

A. GRUN,
Avocat, Chevalier de la Légion d'honneur.

2ᵉ *Article.* — « Le *Manuel pratique du Code Napoléon* expose d'une manière simple, claire et précise le droit civil français. Point de longueurs, de dissertations inutiels. Aussi quels services n'a-t-il pas déjà rendus, quels services n'est-il pas appelé à rendre à tous ceux qui ont à se reprocher chaque jour de ne pas connaître les devoirs que leur imposent les lois de leur pays, et la protection qu'elles accordent à leurs justes intérêts! »

H. REY.

JOURNAL L'UNION.

« Le *Manuel du Code Napoléon* est un ouvrage clair, simple et pratique. L'homme du monde y trouve un guide utile pour ses affaires privées, et le jurisconsulte y reconnaîtra un écrivain de l'école de Pothier et de Domat. »

HENRI DE RIANCEY.

« Nul n'est censé ignorer la loi, et cependant peu de personnes ont eu le temps d'étudier même les éléments du droit. Le livre de M. Picot abrége cette étude et met les principes généraux du Code à la portée de toutes les intelligences. »

VOIX DE LA VÉRITÉ.

« Le *Manuel du Code Napoléon* a été examiné par des hommes spéciaux, et le résultat de l'examen est des plus favorables. Nous nous estimons heureux d'avoir à transmettre au clergé français la bonne nouvelle de la publication d'un tel ouvrage. Si le *Manuel* doit sous peu occuper une place dans toutes les bibliothèques communales, nous sommes fier de penser que la bibliothèque de l'humble presbytère aura donné le signal. »

Abbé MIGNE.

JOURNAL DES AVOUÉS.

Le *Manuel du Code Napoléon* convient aux gens du monde qui veulent avoir des notions sommaires sur les dispositions de notre droit civil. Des formules d'actes placées à la fin de l'ouvrage présentent aussi une véritable utilité. »

ADOLPHE CHAUVEAU,
Professeur à l'École de droit de Toulouse.

MÉMORIAL DU COMMERCE ET DE L'INDUSTRIE.

« Ce *Manuel* expose succinctement les principes élémentaires des lois, et, par quelques développements courts et précis, en donne une interprétation à la portée de tout le monde. Les personnes qui n'ont pas fait une étude spéciale du droit, trouveront dans le *Manuel du Code Napoléon* les notions qu'exige la pratique des affaires. »

LEHIR,
Docteur en droit, Avocat.

RECUEIL DE JURISPRUDENCE GÉNÉRALE.

« Dans le *Manuel du Code Napoléon*, tout est clair, plein, vif, serré, M. Picot y suit l'ordre des titres du Code plutôt que celui des articles : il définit ce que le législateur suppose connu ; il complète la pensée laissée incertaine. Ses explications ont à peine quelques lignes : c'est le style de la loi accompagnée, à l'instar des Institutes de Justinien, du motif qui a déterminé ses dispositions. Signalons cet ouvrage comme l'un des écrits où l'on retrancherait difficilement un mot sans y produire une lacune. »

ARMAND DALLOZ,
Avocat à la Cour impériale de Paris.

Son Excellence, M. LE MINISTRE D'ÉTAT.

« J'ai reçu un exemplaire de votre **MANUEL DU CODE NAPOLÉON** : je vous remercie de l'envoi de votre important ouvrage, que j'ai lu avec intérêt. »

EXTRAITS DE QUELQUES-UNES DES APPRÉCIATIONS *du* MANUEL PRATIQUE DU CODE DE COMMERCE *par les journaux et par les revues.*

MONITEUR UNIVERSEL,

Journal officiel de l'Empire français.

« M. Picot, docteur en droit, avocat à la Cour impériale de Paris, vient de publier un ouvrage qui a pour titre : Nouveau Manuel pratique du Code de commerce expliqué. L'auteur déclare, dans sa préface, qu'il n'a jamais eu la pensée de faire autre chose qu'un livre d'une utilité toute pratique s'adressant surtout aux commerçants.

« M. Picot n'en est pas à son coup d'essai ; son Manuel pratique du Code Napoléon, publié il y a plusieurs années, a obtenu un légitime succès. Pour moi, j'ai la conviction que c'est à cette circonstance surtout que M. Picot doit de présenter aujourd'hui un livre véritablement utile et sérieux, et non pas un manuel de pacotille. »

CHAIX D'EST-ANGE,
Avocat à la Cour Impériale de Paris.

LE CONSTITUTIONNEL.

« Les explications de M. Picot sur chaque article du Code de commerce sont brèves, précises et substantielles. Rien de trop, telle est sa devise. Aussi ne cherche-t-il pas à pénétrer trop avant dans les difficultés d'application. Exposer simplement les principes du droit commercial, en déterminer le sens, le vrai carac-

vi

tère et surtout le but pratique, voilà l'objet qu'il s'est
proposé. »

Jules JANET,
Avocat à la Cour Impériale de Paris.

JOURNAL DU PALAIS.

« Le *Nouveau Manuel* de M. Picot présente une explication détaillée, article par article, des dispositions diverses, soit du Code de commerce, soit des lois qui en
forment le complément. »

Steph. CUÉNOT,
Docteur en droit, avocat au Conseil d'État et à la Cour de Cassation.

BULLETIN DES JUSTICES DE PAIX.

« Ce livre, composé avec beaucoup de soin, est
parfaitement écrit; il sera utile aux personnes qui dési-
rent apprendre et à celles qui, sachant déjà, ont besoin
de s'instruire ou de s'éclairer davantage; car l'auteur ne
s'est pas borné à une simple explication des éléments
ou principes; il aborde les questions difficiles et leur
donne une solution satisfaisante.

E. LONCHAMPT,
Avocat à la Cour Impériale de Paris.

RECUEIL DE JURISPRUDENCE GÉNÉRALE.

« Nourri à l'école de MM. Bravard et Horson, M. Picot
n'a pas perdu de vue l'utilité pratique de son ouvrage.
Les explications de doctrine et de jurisprudence aux-
quelles il se livre sont placées sous chaque article du
Code, qui leur sert de base, et dont elles deviennent à
leur tour le complément utile et indispensable.

Charles VERGÉ,
Docteur en droit, avocat à la Cour Impériale de Paris.

Paris. — Imp. par E. Brunot et Cⁱᵉ, rue Racine. 26.